AF192586

APASIONADAS PREFERENCIAS

# APASIONADAS PREFERENCIAS
## La mirada del traductor

Olivia de Miguel Crespo

**CONSEJO SUPERIOR DE INVESTIGACIONES CIENTÍFICAS**

Madrid, 2025

*Catálogo de Publicaciones de la Administración General del Estado:*
*https://cpage.mpr.gob.es*

EDITORIAL CSIC: *http://editorial.csic.es* (correo: *editorialcsic@csic.es*)

© CSIC, 2025
© Olivia de Miguel Crespo
© Viñeta de cubierta: Puri Salví
Imágenes reproducidas bajo dominio público, salvo donde se indique lo contrario

ISBN: 978-84-00-11401-5
e-ISBN: 978-84-00-11402-2
NIPO: 155-25-048-0
e-NIPO: 155-25-049-6
Depósito Legal: M-8115-2025

Maquetación: Enrique Barba (Editorial CSIC)
Impresión y encuadernación: RB Fotocomposición, S.A.
Impreso en España. *Printed in Spain*

En esta edición se ha utilizado papel ecológico sometido a un proceso de blanqueado ECF, cuya fibra procede de bosques gestionados de forma sostenible.

*Para Javier Pérez-Escohotado, primer y mejor lector
de todas mis traducciones*

## CON PALABRAS AJENAS

Lejos de ser un castigo, Babel es tal vez una bendición misteriosa e inmensa. Las ventanas que abre una lengua dan a un paisaje único. Aprender nuevas lenguas es entrar en otros tantos mundos nuevos.

George Steiner

El autor no es solo un poeta o un novelista, sino un personaje de nuestra propia biografía.

W. H. Auden

La primera vez que tuve contacto con una lengua ajena fue en los primeros años sesenta, cuando pasé un verano en Biarritz con la familia de mi madre, exiliada allí, y cuyo trato habíamos vuelto a recuperar después de muchos años de distancia. Acababa de iniciar mi adolescencia y, por primera vez lejos de casa, con unas nociones de un francés escolar más que rudimentario, me enfrentaba a una lengua que no entendía y en la que no podía expresarme ni actuar, una lengua que enunciaba una forma de vida y de estar en el mundo muy distinta a la de mi pequeña ciudad burgalesa, rigurosamente monolingüe, en la España gris y pacata de los sesenta.

Resulta difícil entender hoy, desde esta aldea global, las diferencias que marcaban a dos ciudades separadas por poco más de 150 kilómetros; unas diferencias que se hacían evidentes en todos los aspectos de la vida cotidiana, desde las relaciones entre *les garçons et les filles de mon age* que escuchábamos las canciones melancólicas de Françoise Hardy y estrenábamos juventud al ritmo del *Viens danser le twist,* de Johnny Hallyday, hasta el pecaminoso bikini, las boinas y los *shorts* de nuestra vestimenta o los desconocidos sabores y aromas de la comida, como el olor de mis primeros *petit-suisse* frescos, envueltos uno a uno en papel vegetal, que el lechero dejaba en nuestra puerta todas las mañanas en unas cajitas de cartón blando.

Recuerdo mis recorridos por Biarritz Bonheur, los grandes almacenes de la ciudad que vendían aquellos preciosos boles de colores en los que, veinte años después, desayunaban aún *Pauline à la plage* y otros personajes de las películas de Rohmer. La ciudad mantenía parte del *glamour* que la había convertido en destino de la realeza y la aristocracia durante el siglo anterior, con sus hermosas playas y caserones, sus tiendas de moda y el Casino Barriére, en el que probaban suerte los españoles que viajaban a ella. Pero, a pesar de sus innumerables atractivos, no serían estos los que marcarían mi primer encuentro con lo distinto, con lo otro, sino las palabras ajenas, el deseo de entender, de reformular, en mis propios términos, la realidad que me rodeaba.

Me colocaron en la estancia de mi tía abuela Justine, una mujer luchadora y resuelta, miembro de la resistencia durante la Segunda Guerra y una gran lectora, que acumulaba en su habitación cientos de libros. En la soledad de aquel mundo de palabras desconocidas, de libros incomprensibles, supe que algún día lograría descifrarlos. Aquel fue el verano de mi silencio, el verano que permanecí muda, encerrada en mi incapacidad para expresar algo que no fueran meras aserciones al *ça te plaît?* o tímidos *je voudrais,* unas pocas palabras que lentamente se desvelaban a mi comprensión.

Tuvieron que pasar dos años más para que, entre los libros de mi tía Justine, encontrara *Claudine à l'école,* mi primera Claudine, una novela que Colette había escrito en 1895 y en la que asombrosamente creaba el modelo de la adolescente moderna, una colegiala que a mí me resultaba entonces tan nueva y diferente, y que quedaría asociada para siempre a la trasgresión. Colette, la espléndida escritora escurridiza e inclasificable, la mujer más libre de Francia, contradictoria y poderosa, que «pasaba sus guerras en París», artista del *music-hall,* amante de hombres y mujeres, trabajadora incansable, que no se conformaba con las 500 libras y la habitación propia de Virginia Woolf, sino que, según Thurman, su biógrafa, «aspiraba a cincuenta mil al año, y a una villa propia con un buen chef, un gran jardín y un guapo muchacho», me abría una puerta que, según yo intuía entonces, me permitiría adentrarme, aunque torpemente todavía, en una lengua y en un territorio nuevos y prometedores.

Colette, a quien el arzobispo de París negó una ceremonia religiosa a su muerte, pero que recibió el primer funeral de Estado que la República había dado a una mujer, fue mi mentora, y entre sus libros dejé atrás definitivamente la infancia.

Muchos años más tarde, cuando Jacobo Siruela me encargó la traducción de *Secretos de la carne. Una vida de Colette,* la espléndida y voluminosa biografía escrita por Judith Thurman a lo largo de diez años, volví a releer sus novelas, en las que la biógrafa se apoya literalmente para narrar el recorrido vital de la extraordinaria escritora, como queda evidente en las más de 1680 notas del libro, la mayoría referidas a las novelas de Colette. Al aceptar el encargo, no fui consciente de la complejidad de la tarea que iniciaba ni de que curiosamente implicaba un asunto de traducción, puesto que Thurman se remitía constantemente en sus notas a las novelas de Colette traducidas al inglés, algo que evidentemente yo no podía mantener en la mía. Tuve que rastrear cada una de aquellas referencias del inglés al francés y de vuelta al castellano, una tarea ímproba a la que a punto estuve de renunciar, de no haber sido por mi gratitud a la escritora que tanto me había enseñado.

El francés se fue convirtiendo en una lengua cercana, familiar, comprensible, y las lecturas se multiplicaron; llegaron Camus, Rimbaud, Mallarmé, Flaubert y Balzac, al ritmo de las canciones de Brassens o Barbara como banda sonora de mi vida. No entiendo bien por qué nunca traduje de esta lengua, aunque tal vez, visto desde ahora, fuera simplemente que dejó de tener misterio, dejó de resultarme extraña.

Años después, en los primeros setenta, recalé durante unos meses en Londres huyendo del ambiente asfixiante de la España del momento. Allí, mientras sobrevivía haciendo camas en hoteles y en otras tareas reservadas a mis compatriotas, descubrí y leí a autores que por pocos peniques compraba en las librerías de segunda mano de Charing Cross, hoy prácticamente desaparecidas, y en puestos callejeros de Knightbridge, el barrio donde yo ocupaba una de aquellas habitaciones con chimeneas cegadas, sustituidas por estufas activadas con peniques: restos desmembrados de lo que un día habían sido fabulosas casas victorianas y eduardianas. Los volúmenes usados de Jane Austen, Emily y Charlotte Brontë, Oscar Wilde, Virginia Woolf, T. S. Eliot, Henry James, E. M. Forster y tantos otros, con dedicatorias anónimas y el precio a lápiz en la primera página, se fueron acumulando en mi diminuto apartamento, joyas que a mi vuelta tuve que abandonar allí y que aún hoy añoro. Fue de aquellas lecturas, guiadas tan solo por el disfrute, que, según dice Auden, «no es, en ningún caso, una orientación crítica infalible, pero es la que yerra menos», de donde surgió el deseo de apropiación de aquellos textos, de entenderlos a fondo y en detalle, el deseo de reformularlos en mi propia lengua, de prestarles mi acento, de hacerlos accesibles a otros, de agradecerles los descubrimientos que enriquecían mi vida y me iban conformando.

Pasaron años en los que muchas cosas cambiaron en mi vida y en los que el estudio de la filología inglesa y el traslado a otra ciudad fueron decisivos. Poco después de mi llegada a Barcelona, escuché un comentario sobre un curso de traducción literaria que el escritor y traductor Sam Abrams impartía en el Instituto Norteamericano de la ciudad. Por lo que contaban, el curso merecía la pena y, a pesar de que mi situación en aquel momento, recién llegada a la ciudad con una hija pequeña, un trabajo como profesora de inglés en secundaria y mi pareja cumpliendo en Melilla una mili largo tiempo pospuesta, no me permitía grandes alegrías, decidí matricularme. Aquel curso fue providencial en mi decisión de emprender una actividad que me atraía poderosamente, pero que no tenía ni idea de cómo abordar.

Fue Sam Abrams quien me presentó a Kate Chopin y Marianne Moore, dos autoras norteamericanas entre los siglos XIX y XX, y quien me animó a leerlas y traducirlas. Sin editor, sin encargo y sin oficio me lancé a traducir *El despertar,* y con el atrevimiento que a veces da la inexperiencia se la propuse a Jesús Munárriz, de Hiperión, que la aceptó, y publicó por primera vez en español una obra de Kate Chopin con prólogo de la traductora.

Entrar en Moore fue algo muy distinto. Leí su poesía y, cada vez más perpleja, sin entender casi nada y bastante desmoralizada, se la devolví a mi profesor, que insistió en que la releyera hasta romper la coraza. Quizás sean las palabras del escritor Randall Jarrell las que mejor describan mis iniciales respuestas de lectora a los poemas de Marianne Moore: «No los entiendo del todo, pero me encanta lo que entiendo; y lo que no entiendo, me gusta todavía más». Algo parecido sentía yo con aquella poesía resistente a lo autobiográfico y a lo sentimental, con una extraña métrica y una dicción reticente y elíptica que mostraba una extraordinaria capacidad para observar y poner en relación fragmentos de la realidad muy alejados entre sí; me resultó fascinante, me enganchó, me enamoró, aunque no me atreviera a pensar aún en traducir su poesía. Sin embargo, fue la lectura del ensayo «Marianne Moore», de W. H. Auden, lo que me animó definitivamente a insistir en una poesía que día a día se abría y me revelaba lo visible, oculto en «el poder de lo invisible», y desplegaba sus significados ante mí. Si Auden sostenía que, aunque no lograba entender sus versos, se sentía atraído por aquel tono de voz y, en consecuencia, se alegraba de haber perseverado en su lectura porque por aquel entonces existían «pocos poetas» que pudiera leer «con tanto placer», ¡cómo no iba yo a perseverar también! Insistí, releí, ejercité la paciencia y poco a poco encontré el «ábrete sésamo» que me permitiría acceder al tesoro de su escritura. La intuición de que podría romper aquella coraza si insistía lo suficiente y de que el ejercicio sería gratificante resultó cierta.

A mediados de los ochenta, pude pasar dos cursos en Dublín, años decisivos para mí en los que disfruté de largas horas dedicadas al estudio en la espléndida biblioteca del University College, de charlas con los poetas irlandeses que conocí y con algunas de las personas más extraordinarias que he tenido la suerte de encontrar a lo largo de mi vida, como el escritor y traductor Giovanni Pillonca, la socióloga Aurora Caredda

17

o mi colega en el Kevin St. Technical College Colette Weaire, con quien discutí interminablemente los poemas de Moore y quien me ayudó a desentrañar versos de su poesía de muy difícil interpretación.

Por tanto, estas páginas no tratan de ser —aunque tengan un poco de todo ello— un ensayo de crítica literaria o de traducción ni una autobiografía ni siquiera un escrito reivindicativo de la actividad del traductor o un manual para estudiantes de traducción literaria, sino un ejercicio individual de introspección en la propia tarea para intentar describir el proceso con el que me enfrento a un texto ajeno, me apropio imaginativamente de él y lo devuelvo en otro tiempo, con otras palabras, en otra geografía y para otros lectores. ¿Qué me impulsa a traducir, por qué traducir literatura, qué hay de nosotros en la elección de unos textos y en el rechazo de otros, en esas preferencias apasionadas,[1] qué afinidades electivas, cómo dialogan texto y lector y

---

[1]   Marianne Moore cuenta al poeta Donald Hall, en una entrevista realizada en 1960, que Robert Frost, al ser preguntado en una ocasión si era selectivo, respondió: «Llámelo apasionada preferencia». Una respuesta que aprovecho para dar título a este ensayo. La entrevista está recogida en mi edición de *Poesía completa,* de Marianne Moore.

cómo inciden esos textos traducidos en la vida del traductor? Me pregunto también si es posible enseñar a traducir literatura, si se puede transmitir algo más que el entusiasmo y la pasión por lo que una hace, si se pueden sistematizar los conocimientos que se van adquiriendo para poder comunicarlos al aprendiz de traductor.

Este ensayo trata, pues, del intento de contar desde dentro mi relación personal e intelectual con algunos de los libros que he traducido y con sus autores, de dar respuesta a una cascada de preguntas que se me plantean cada vez que repienso la extraña actividad de quien no inventa, pero escribe, de quien se mimetiza, se oculta y se pone a salvo tras las palabras de otro, de quien traduce. Seguramente, y frente a otra posible cascada de respuestas, no sea la menor mi agradecimiento a unas obras que me han conformado, abierto caminos de estudio y entendimiento, y que, en último término, de no haberlas leído, de no haberlas traducido, mi vida sería menos rica de lo que es.

Así pues, antes de continuar, quisiera dejar clara la base sobre la que se asienta esta reflexión y que ha definido y define en gran medida mi actividad como traductora literaria, un trabajo intenso, pero no exclusivo.

Siempre he tratado de alimentar a mi Jeckyll y mi Hyde, de buscar el equilibrio entre la extroversión, la actuación, el vaciado constante y la interacción que me ofrecía la enseñanza, con el silencio, la obsesión, la investigación y el encierro con el texto que me aportaba la traducción. Esa circunstancia me ha permitido no solo tomar la iniciativa y proponer al editor los libros que quería traducir o aceptar encargos atractivos que espoleaban mi interés, sino que me ha servido de puente con generaciones de alumnos a los que he tratado de enseñar a leer y a mirar con ojos de traductora.

Este último aspecto de mi trabajo, el de la enseñanza de la traducción literaria en una Facultad de Traducción, a lo largo de más de veinte años, es el que me impulsó en un determinado momento a tratar de sistematizar mi forma de abordar la lectura minuciosa del texto y fijar la atención en cómo y en función de qué se manifiestan los aspectos más relevantes que lo marcan como único y que necesariamente habrán de aparecer en la traducción. Seguramente, la intuición del traductor sea suficiente para justificar esta tarea; una vía de acceso al conocimiento que quiero reivindicar aquí porque no es algo trivial, sino que es la concreción en un momento dado de los muchos y diversos saberes que el traductor atesora y que en el ejercicio de su actividad se ponen en marcha y se concretan en sus elecciones; decía que bastaría esa intuición para justificar en una traducción las distintas elecciones de unas formas a costa de otras, pero si, además del ejercicio de traducción, queremos transmitirlo, tendremos necesariamente que reconstruir el proceso, describirlo, reflexionar sobre él y sistematizarlo, recorriendo ese doble camino que va del texto traducido al análisis, y el inverso, del análisis y estudio previo a la reescritura del texto.

## LA MIRADA DEL OTRO: OBSERVAR PARA TRADUCIR

El poder esencial lo ejerce la mirada.

Jorge Guillén

Leer otro idioma disloca la mirada, la desplaza a un lugar desconocido.

Nuria Barrios

Si con frecuencia al hablar de traducción literaria se suele hacer hincapié en la importancia del oído, de escuchar las palabras del texto para poder reproducir sus efectos, en este ensayo insistiré en la importancia de la vista, de la mirada y la observación en la traducción de la obra de los cuatro escritores en los que centraré mi análisis. Identificar con precisión cuál es la mirada que el escritor dirige al mundo, conocer el espacio desde el que mira y a dónde, a qué y a quiénes dirige su atención, me parece primordial a la hora de abordar el trabajo, es decir, de observar para oír, para entender y devolver esa mirada en la obra traducida.

Entre los magníficos textos que han pasado por mis manos y de los que tanto he aprendido, trataré aquí de la traducción de dos autoras emblemáticas del Modernismo anglosajón, con las que he entablado un diálogo literario, textual y vital más hondo y dilatado en el tiempo: la poeta norteamericana Marianne Moore, cuya poesía, como ya he dicho, conocí y empecé a traducir al inicio de mi carrera, y la escritora inglesa Virginia Woolf, a cuyos cinco volúmenes de *Diarios* he dedicado cinco de los últimos años de mi actividad.

Ambas supieron de la existencia de la otra, aunque no llegaran a conocerse personalmente y, aunque me consta que se leyeron, no parece que ni la poesía de una ni las novelas de la otra despertaran en ellas gran entusiasmo, como se desprende de algunos comentarios en la correspondencia de Moore[2] y de la ausencia de alusiones a su poesía que Woolf estaba leyendo, según escribe en la entrada del 17 de abril de 1935 de sus *Diarios*. Sin embargo, estas dos grandes modernistas que tanto espacio y tiempo han ocupado en mi vida, y a las que he dedicado energía y estudio, tan distintas y semejantes en algunos aspectos, estas voces seminales de la poesía y la narrativa del siglo XX, que concitaron el amor y la admiración de los grandes poetas T. S. Eliot y W. H. Auden, comparten mi voz en español y han sido para mí dos puntales en el aprendizaje de la observación y el ejercicio de la paciencia, dos antídotos contra la prisa y un elogio de la lentitud. Marianne Moore y Virginia Woolf han entrenado y aguzado mi capacidad de observar y de mirar para ser capaz de ver y relacionar experiencias muy alejadas entre sí: dos miradas escrupulosas, precisas,

---

2    En una carta a la sufragista y escritora Alyse Gregory del 17 de octubre de 1932, Marianne Moore dice: «No entiendo cómo pierdo el tiempo en la biblioteca leyendo periódicos y cosas efímeras. Cuesta el mismo tiempo leer una carta pedante de Virginia Woolf dirigida a un autor joven en la *Yale Review* que leer una carta de Swift auténticamente mordaz o diez páginas de Bacon».

minuciosas e intensas que enfocan sutilmente el mundo que nos rodea y el interior que nos atenaza.

Mientras nos advierte de que «el poder de lo visible es lo invisible», Moore dirige el escalpelo de su ojo a cualidades y actitudes de extraños seres vivos —las escamas del pangolín, el salto del jerbo o los tres sinsontes que reclaman a gritos su ración de gusanos—; a objetos —nueve nectarinas en un plato chino, la batalla entre la Caridad y la Envidia en un tapiz medieval— o a espacios naturales —un glaciar como un pulpo gigantesco de hielo o el borde de hierro del acantilado—. Virginia Woolf, en cambio, dirige su mirada al interior de sus procesos mentales deteniéndose en cada etapa de su crecimiento como escritora, en cada emoción y pasión que la agita. Además de hacia el mundo y los seres que la rodean, en sus *Diarios* Woolf mira hacia adentro para observar y registrar sus crisis, sus miedos, sus ambiciones literarias, el lugar que ocupa entre sus pares, cómo recibe y subvierte su tradición literaria, lo que envidia y desea, la génesis y los procesos de construcción de sus novelas.

Para terminar, aunque sea brevemente, comentaré las obras de dos periodistas británicos, dos novelistas cuya traducción supuso un antes y un después en mi actividad de traductora: la *Autobiografía,* de G. K. Chesterton, y *1984,* de George Orwell, dos obras que, como veremos, me obligaron también a cambiar mi perspectiva y mis puntos de vista, a reenfocar y colocar mi mirada frente a dos horizontes muy distintos, en otra perspectiva, para escuchar, interpretar y reescribir unos discursos que me plantearon algunos de los retos de traducción más drásticos a los que me he enfrentado.

## MARIANNE MOORE. MIRAR EL MUNDO: «BRILLO EN EL ALA DE UNA CHICHARRA»

> Solo existe la lucha por recuperar lo que se ha perdido y encontrado y vuelto a perder una y otra vez, y ahora en condiciones en apariencia hostiles. Pero tal vez ni pérdida ni ganancia. Para nosotros, solo existe el intento. El resto no es asunto nuestro.
>
> *Cuatro cuartetos,* T. S. Eliot

Como señalaba antes, al recordar lo que significó para mí acceder a la escritura de Marianne Moore, su poesía ha sido, de todas las obras a las que he prestado mi voz de traductora, la que me ha acompañado, enamorado y enseñado más. Sus versos me han sostenido en muchas ocasiones y ayudado a salvar ese «rendido momento de peligro que oprime corazón y pulmones» o a definir lo incomprensible del griterío y el barullo de lo banal: «He visto ambición sin lucidez en formas diversas». Su contención, humor y reticencia, y la ubicua curiosidad y perspicacia de su mirada han sido antídotos contra el desaliento —«es un privilegio ver tanta confusión»—. En ocasiones, herramientas para la valoración de lo que realmente importa, como cuando se pregunta: «¿De qué sirve poder decir que se ha dominado el arroyo en una actitud de autodefensa?», o cuando recuerda al crítico que, para ponernos sobre la pista de lo valioso de una obra de arte, «una buena salva de ladridos es lo único que pedimos».

Sus poemas me han llevado por caminos imprevistos: de la botánica a la etología, del bestiario y el tapiz medieval a la Plymouth Plantation de Bradford, de las duras escamas del pangolín al salto prodigioso del jerbo. La fascinación ha sido el motor que me ha impulsado a traducir estos textos, el deseo de apropiarme intelectualmente de una poesía cuyos sentidos se resistían a ser reformulados. «No admiramos lo que no podemos comprender», dice Moore, y yo deseaba entender para

traducir o, tal vez, traducir para entender sus poemas, para escucharlos, leerlos y compartirlos en mi propia lengua. En poesía, encontramos a menudo discursos voluntariamente opacos cuya oscuridad es un fin en sí mismo, sin embargo, una vez descifrados no revelan nada o, más bien, revelan la nada sobre la que se construyen; pero también los hay, como el de Moore, que, siendo oscuros, guardan celosamente sus intenciones y exigen un lector esforzado que obligue a la palabra a desvelar sus significados. Yo he querido ser esa lectora concienzuda de la poesía de Moore, una poeta que declara abiertamente que no le gusta la poesía —«A mí también me disgusta»—, pero cuyos poemas, más intuidos que realmente comprendidos al principio, me interesaron por su cualidad argumentativa y por lo fronterizo del género literario en el que se mueven; por la complejidad de relaciones que establece con otros textos; por su utilización de los ritmos de la prosa, la observación científica, el rechazo del lenguaje específicamente poético y el peculiar modo de composición de la forma de sus estrofas: «Nunca, jamás planifico una estrofa. Las palabras se agrupan como cromosomas y deciden el procedimiento a seguir», una forma orgánica, como cuerpos vivos llenos de sustancia, que ella va modificando a lo largo de los años.

Moore escribe una obra original rompiendo formalmente con su tradición y se salva a través del humor, de la construcción de un mundo propio de «jardines imaginarios con sapos de verdad», de la observación y descripción minuciosa de un universo construido con imágenes poderosas y nuevas, por su capacidad de relacionar fragmentos de la experiencia lejanos entre sí.

Como un personaje de Henry James, contiene sus emociones «no porque no tenga sentimientos, sino porque tiene demasiados», y acepta la fragmentariedad del lenguaje y de la existencia, al tiempo que subvierte y elabora con sus retazos un poderoso palimpsesto sobre la supervivencia en la vida y en el arte. No busca refugio en la recuperación de una tradición poética perdida, como Pound, ni en el orden religioso institucional, como Eliot; no ordena el caos, sino que lo maneja y trata de vivir en él mediante la ironía y la autodisciplina que busca la palabra precisa con la que formular una experiencia ética y estética de la existencia.

La poesía de Moore, que, según T. S. Eliot, «no tiene antecedentes poéticos inmediatos», es absolutamente personal en su resistencia a ser autobiográfica, elíptica en su presentación y paradójica en sus conclusiones; sin embargo, participa de las rupturas formales de los modernistas en la organización del poema, como la yuxtaposición, la polifonía y la fragmentación; en las técnicas empleadas, como citas, precisión de la imagen e incorporación de los ritmos conversacionales y de la prosa al lenguaje poético; y también, respecto a la consideración del texto como un producto no definitivo y al uso del comentario metalingüístico.

Cuando traducimos literatura, la batalla entre lo que intentamos rescatar del original y lo que dejamos fuera está siempre presente como un juego de opciones, de elecciones, como en cualquier otro aspecto de la existencia. En su poema «Eligiendo con esmero», dice Moore: «La literatura es una fase de la vida. Si la temes, / la situación es irremediable, si te aproximas con familiaridad / lo que se diga de ella no vale la pena»; estos versos definen también mi aproximación a la traducción literaria: ni temor ni excesiva confianza, sino un conocimiento, cuanto más amplio mejor, de todas las estrategias de composición y significado que el texto pone en juego para poder reflejar en el acto de expresarlo en otra lengua las que considero más relevantes.

Pues bien, entre los rasgos de su poesía que he tratado de mantener, están algunas de sus elecciones formales más características: el diseño visual del texto sobre la página, la estrofa, y no el verso, como unidad del poema; la adopción de la métrica silábica y las rimas casi ocultas, que recaen sobre sílabas inacentuadas, aspectos que aparecen muy pronto en su poesía, así como el predominio de lo que podríamos llamar «da tendencia espacial de su imaginación» frente a la dimensión temporal de la experiencia. En su poesía, el poema que enfoca una escena o superpone varias escenas alejadas temporalmente entre sí es más frecuente que el que narra una experiencia inmersa en el fluir del tiempo, es decir, la preferencia de Moore por lo estático frente a lo narrativo y dinámico.

Otro de los aspectos más destacados de su escritura que he tenido muy en cuenta es la cualidad emblemática de su imaginación en relación con una de las características más subversivas de su poesía: la cita. Si el emblema es una especie de imagen citada, la cita es una reproducción visual de un texto encontrado. En la poesía de Moore, la cita es diversa en cuanto a su procedencia y *status,* y también en cuanto al modo de aparecer en el poema, encubierta o explícita. Uno de los efectos de la intertextualidad consiste en preservar el texto antiguo en la nueva obra; pero, en Moore, lo citado se integra en el nuevo texto y modifica sus viejos valores ofreciendo otros nuevos A diferencia de Eliot, Moore no cita para buscar ecos y, frente al uso que Pound hace de este recurso, ella toma el material citado lejos de su campo original. Sus fuentes son eclécticas: la Biblia, los periódicos, la información enviada por la compañía telefónica, un fragmento de conversación oída al pasar... Ese eclecticismo destruye formas de autoridad basadas en la importancia jerárquica de unos discursos sobre otros. En sus poemas, la cita es democrática y antijerárquica; para Moore, «style had a politics», y las palabras ajenas, pertenezcan estas a voces autorizadas de la tradición literaria —Emerson, Tolstoi, Plinio o Henry James—, a personajes anónimos o a articulistas del *New York Times,* reciben un trato similar y tienen parecido *status* discursivo. La localización de las innumerables citas que aparecen en sus poemas, que, como ya he señalado, unas veces son explícitas y otras camufladas, ha sido una tarea imprescindible con el fin de conocer su estatus original y el ámbito del que proceden, y poder restituir los antiguos significados o conocer los nuevos valores que la poeta les asigna.

El reconocimiento del valor de su poesía por parte de sus contemporáneos ha sido unánime: T. S. Eliot la consideraba «uno de los pocos que han prestado un gran servicio a la lengua»; Wallace Stevens afirmaba que la poesía de Moore «nos obliga a ser tan conscientes de la realidad que fuerza nuestra conciencia»; W. H. Auden se sentía deudor de los versos de Moore cuando exclamaba: «Marianne, te he robado más tesoros de los que puedo precisar con exactitud»; William

Carlos Williams la consideraba «la pieza fundamental alrededor de la cual se aglutinaban los esfuerzos dispersos de una generación por deshacerse de los viejos clichés en los que estaba estancada la poesía en lengua inglesa, y librarla de la insipidez»; Pound describe su poesía como «logopoeia», «un baile de la inteligencia entre palabras e ideas».

Y, a pesar de todo, su reticencia ante los elogios, su reserva y privacidad, tanto en su vida como en su obra, son enormes. Pocas veces «un dáctilo desnudo» —como ella misma se define el 7 de julio de 1921 en una carta a su amiga Bryher, al enterarse de que esta y H. D. (Hilda Doolittle) han publicado sus poemas sin decirle nada—, privado y contenido en sus emociones, se ha visto expuesto al público y ha recibido tantos honores, premios y reconocimiento a lo largo de su vida. Sin embargo, el personaje excéntrico con capa y tricornio negro de terciopelo, amante del béisbol y de los animales —representación escénica que hace de sí misma con su vestimenta y actitudes— es el que ha deslumbrado y cegado a muchos de sus lectores y críticos. Todos parecen reconocer la maestría de su técnica poética, su inteligencia y la brillantez de su dicción; pero, como el poeta Donald Hall constata, «cuando se aclama unánimemente a Marianne Moore como una virtuosa de la técnica, no se dice lo más importante».

Su vida libresca de soltera impecable sin amores conocidos y su reticencia a utilizar la pasión amorosa como material poético —«algunos no estamos interesados en la patología sexual», dice la propia Moore— han podido ser algunas de las causas por las que con frecuencia la han acusado de «frigidez emocional», de fabricar brillantes superficies de las que la emoción está ausente, de ignorar el lado oscuro y negativo de la vida y el arte, a pesar de poemas como «Los peces» o «Una tumba», en los que la conciencia de la capacidad del mar para la erosión, la destrucción y la muerte es tan penetrante como esa «[...] cuña / de hierro por el borde de hierro / del acantilado». Tal vez, dice Richard Howard, «para hablar de algunas artistas, como Dickinson u O'Keeffe —o de hombres como Henry James o George Santayana—, no hemos inventado o desarrollado todavía un léxico con el que podamos expresar y comprender fácilmente la erótica de la renuncia, el alejamiento, la ambigüedad o la negativa al gesto sexual explícito».

Seguramente esos críticos no están atendiendo a los modos particulares e idiosincráticos en que la emoción se expresa, porque «sentir las cosas de forma personal, por más intensamente que sea, probablemente parezca frigidez a aquellos que solo pueden sentir de manera convencional». Muy probablemente reducen el término a la emoción amorosa y, más aún, a la sexual. No hay un solo poema en Marianne Moore que aborde ese tema —«Matrimonio» no trata sobre la pasión amorosa, sino sobre «Esa institución, / o mejor sería definirla como empresa», que es el matrimonio—, aunque trate la poderosa y paradójica fuerza del amor como energía aniquiladora y destructiva en poemas como «La argonauta» o «Cabeza de chorlito», en que la madre pájaro, ante la amenaza a sus tres polluelos en la rama, ajenos al peligro, «emprende un combate a muerte / y medio mata / con pico de bayoneta y / alas despiadadas al / gato intelectual / que repta cauteloso».

Pero ¿acaso no hay emoción en la supervivencia sin agresión de «El pangolín», esa «cuasi alcachofa» que «soporta / solitarios y agotadores viajes nocturnos por terrenos desconocidos», «temeroso hasta de ser temido», que ante el peligro se enrosca en una bola inexpugnable y al amanecer exclama: «¡De nuevo el sol!, / nuevamente otro día; y otro y otro y otro, / que penetra y refuerza mi espíritu»?

¿No hay emoción en la opción por la soledad de «El pelícano fragata», «el más romántico de los pájaros» que, sin embargo, «ignora la luna»? ¿O en «El estudioso», que «estudia / voluntariamente, negándose a ser menos / que un individuo», «demasiado solitario para / dar la impresión de que hay cosas que / le afectan, no porque no tenga / sentimientos, sino porque tiene demasiados»? ¿No resulta emocionante el intento en su poesía de asumir las contradicciones y ordenar el caos? ¿No hay emoción en la ironía y el humor, en la aceptación de la paradoja y en la búsqueda apasionada de la palabra precisa y la exactitud de la observación?

Esas son las emociones en la escritura de Moore que he tratado de mantener en la traducción; un sentir que es transgresor porque no recorre los caminos tradicionales de la sentimentalidad que el lector y el crítico están dispuestos a aceptar en la poesía escrita por una mujer que explora formas de emocionalidad que le permiten mayor libertad creadora. Transmitir esa formulación de las emociones exige la precisa elección de términos y estructuras alejadas de una sentimentalidad convencional, tanto en el uso y en la combinación de las palabras como en los ecos que despierta.

Las superficies brillantes de sus poemas son escudos protectores de las intensas emociones que ocultan, pero deducir que, puesto que no son convencionales y explícitas, no existen, es «haber malinterpretado el asunto [...] confesar / que no se investigó lo suficiente», afirma en su poema «Inglaterra». La revolución formal y temática de Moore se lleva a cabo en un doble frente. Si como poeta modernista participa activamente en la alteración del canon poético de la poesía del XIX, como mujer poeta se enfrenta a la tradición de poesía sentimental escrita por mujeres, la de las «poetisas»,[3] cuyo ejemplo más destacado sería el de

<hr>

3  Respecto al sentido derogativo de *poetisas* como sinónimo de poesía sentimental decimonónica, véase el uso que hace del

su contemporánea Edna St. Vicent Millay. Las críticas Sandra Gilbert y Susan Gubar se preguntan si las mujeres que escriben poesía en el siglo XX no han formado dos cánones distintos, uno, el de las «poetisas», poéticamente incorrecto desde la perspectiva modernista, y otro, el de las «antipoetisas», las poetas estéticamente respetables, cuyo antecedente más sobresaliente lo encontramos en Emily Dickinson y, más tarde, en Marianne Moore.

En relación con estas últimas observaciones, es necesario señalar que también la crítica feminista de la década de los setenta padeció con frecuencia la misma ceguera para encontrar, en el discurso de Moore, la expresión de una visión femenina del mundo; incluso una poeta como Adrianne Rich la encuentra «púdicamente elegante, intelectual y discreta». Su discurso no

---

término Wallace Stevens en su pequeña pieza teatral *Bowl, Cat and Broomstick,* en la que los tres personajes del título exploran la idea de que «there is a special power in the poetry of a beauty». Bowl intenta traducir a su alumno Cat la obra de la poetisa Claire Dupray, cuyo retrato aparece en la cubierta del libro. A partir de ahí, se inicia una serie de especulaciones sobre la interpretación de las palabras en el texto, en relación con el aspecto y la edad de la «poetisa».

es explícitamente erótico como el de Mina Loy y tampoco sentimental como el de Edna St. Vicent Millay. Su biografía no es trágica, como la de Silvia Plath o Anne Sexton. No hay en su escritura la victimización dolorida que encontramos en la poesía de Louise Bogan, sino una voz que se atreve y afirma su singularidad, que se contiene y oculta como condición de supervivencia, un gran ojo de la mente, capaz de ver, en los fragmentos de realidad, imágenes duras y nítidas, como «cristal de roca» tallado, y de contar el acto de observación con precisión quirúrgica; una visión trascendente que se apropia imaginativamente del mundo con una sonrisa irónica y paciente —«"Es su temperamento femenino opuesto por completo al nuestro, el que le obliga a comportarse así..." ... y tú has sonreído», dice en «Temporada en la ballena»—, y un comentario agudo, porque «el humor evita algunos pasos, evita años», señala en «El pangolín».

En sus «jardines imaginarios», los seres son indulgentes con «el error de sus semejantes» como «el Negro» que guarda la tumba de Washington; civiles como el campanero C. J. Poole, que coloca carteles advirtiendo del peligro a sus conciudadanos; hoscos y solitarios como el lobo, «cuya lana no se puede esquilar». Esos seres conviven con criaturas acorazadas a las que, como al pangolín, la necesidad —no la vanidad— ha hecho «graciosas»; desproporcionadas como el avestruz y la cebra —«sublime en su anormalidad»— o con su propio «método de conclusiones» como el caracol.

La «frescura» de visión que Marianne Moore pretende es la de la luz y la forma original en su sentido etimológico: «[...] cuando Adán / estaba solo, / [...] sencillo de ver y / de explicar [...] / una de esas cosas en las que se entrevé gran parte de lo original», dice «En los días de color prismático». La precisión, la búsqueda incansable de la imagen, de la palabra justa que defina la particularidad de su percepción es para Moore, como para otros modernistas, una cuestión ética, «un magnetismo, un ardor, una negativa a ser falsa», y esos también han sido mis objetivos en la traducción de su poesía.

Sus poemas, entretejidos de palabras ajenas, son paradójicamente la expresión de una individualidad única y revelan una visión tan personal que explica el que, de todos los modernistas norteamericanos clásicos, Marianne Moore nunca tuviera discípulos ni tampoco imitadores ocasionales. Sus poemas nos introducen en un universo formal en el que la contención del lenguaje, la yuxtaposición sintáctica, los complejos implícitos y la puesta en escena de voces que escenifican «un propósito / que siempre escapa a los superficiales», colaboran todos ellos en la creación de unos textos que se defienden y ocultan formalmente de lecturas poco atentas.

La traducción de estos poemas me ha ocupado, preocupado, divertido y desesperado alternativamente y, a veces, al mismo tiempo. Ha definido mi propio uso del lenguaje y de las complejas operaciones interpretativas, lingüísticas y estilísticas que se llevan a cabo al trasladar un discurso poético de una lengua a otra. A estas alturas, cuando todos nosotros conocemos mucha de la poesía que admiramos a partir de traducciones, sería banal hacerse la manida pregunta de si es o no posible traducir poesía —es evidente que sí—, pero no lo es tanto preguntarse sobre qué traducimos al traducir poesía. En la poesía de Moore, he buscado, para reescribirlos, esos rasgos de sus poemas que, en mi lectura, se convierten en únicos dentro del Modernismo; he escuchado una voz; he atendido a su ritmo, su dicción, su tono, su timbre y sus pausas, también a sus silencios; he tratado de adaptar mi ojo a una visión microscópica y detallada de la realidad; he obligado a mi lengua a un ejercicio de contención y precisión; he comprimido mi sintaxis y dado lugar a una yuxtaposición que liberaba espacios para la interpretación, con el propósito de que Moore tuviera su merecida *after life* también en español.

Mientras traducía su poesía, tantas veces me he sentido obligada a observar, a mirar y remirar la realidad del mundo a mi alrededor, que tengo la sensación de que ella me ha enseñado a ver, a situarme en otra perspectiva, en una confluencia de miradas, la suya y la mía, en definitiva, como bien decimos en la expresión popular: a ver con otros ojos.

Recuerdo mi visita a la Burrell Collection en Glasgow para examinar con detalle el tapiz flamenco o francés de finales del siglo XV, que recrea una popular *psicomaquia* en la que la Caridad y la Envidia libran una feroz batalla. En su poema «La Caridad triunfante sobre la Envidia», Moore describe cómo la Envidia se desenvuelve en el escenario de esa batalla: «[…] Arrastrándose ansiosa / sobre la floreada filigrana, entre la amplia maleza / dentada por conchas que se arremolinan, / pequeños girasoles aplastados, / tenues tallos arqueados de coral y mechas verdes / de cordoncillo horizontal».

Como no era capaz de visualizar aquel escenario y, por tanto, no podía describirlo con la minuciosa precisión que requería, viajé a Escocia y, cuando llegué a la Burrell Collection, la sala del tapiz, cerrada al público por reformas, estaba oscura, y el paso cerrado por un sencillo cordón. Le expliqué al vigilante mi necesidad de ver aquel tapiz para poder traducir un poema, mi viaje desde Barcelona, que resultaría estéril si no podía verlo, y, finalmente, no sé si convencido o amenazado por mi insistencia, levantó la barrera y me permitió diez minutos frente a la eterna batalla entre la virtud y el vicio.

En febrero de 2005, apareció en El Acantilado mi antología *Pangolines, unicornios y otros poemas,* una obra que el año anterior le había propuesto a su editor, Jaume Vallcorba. Cinco años después, el escritor y también editor Andreu Jaume me propuso la traducción de la *Poesía completa* de Marianne Moore para la editorial Lumen, que apareció en 2010 y que recibió el Premio Nacional a la mejor traducción al año siguiente. A veces, el amor desinteresado tiene sus recompensas, pero solo a veces.

## VIRGINIA WOOLF EN SUS *DIARIOS:* LA MIRADA INTERIOR

> Una traducción debe conservar una extrañeza y una «otredad» vitales ante su propia lengua [...]; el traductor enriquece su lengua permitiendo que la lengua de la que traduce la penetre y modifique, pero hace aún más: expande su idioma nativo hacia el absoluto secreto de la significación.
>
> *Después de Babel,* George Steiner

Nothing has really happened
until it has been recorded.

Virginia Woolf

Si la traducción de la obra de Moore fue gestándose despacio y durante mucho tiempo, como un pangolín cualquiera, deambulando y buscando por terrenos desconocidos las claves de su poesía y de su complejo mundo de referencias, la propuesta de traducir los *Diarios* de Virginia Woolf me llegó en un momento de sosiego, después de haber dejado la docencia universitaria, un momento de recogida y síntesis, con otra perspectiva del tiempo por delante y de la vida por detrás, con unos plazos concretos y un ritmo constante y acompasado para poder acabar en cinco años la traducción de las más de tres mil seiscientas páginas que ocupan sus cinco volúmenes.

Recuerdo que cuando traduje la última frase que Virginia escribió pocos días antes de ahogarse en el río Ouse: «Leonard está arreglando los rododendros», y puse punto final a mi idilio intenso y absorbente durante un lustro, con su peripecia intelectual y vital, me sentí un poco como Leonard Woolf cuando, tras la muerte de Virginia, escribe en una nota sin fecha: «Sé

que Virginia no vendrá por el jardín desde su estudio y, sin embargo, la busco en esa dirección. Sé que se ha ahogado y, sin embargo, espero oírla entrar por la puerta. Sé que es la última página y, sin embargo, vuelvo a pasarla». Estas palabras resumen la incredulidad ante su pérdida y revelan el pensamiento mágico de poder modificar una realidad dolorosa, a pesar de que la terca razón insista en demostrar su imposibilidad.

Tras estos últimos años traduciendo y editando sus *Diarios,* en una estrecha relación cotidiana con el ser excepcional que fue Virginia Woolf y siguiendo su extraordinaria trayectoria a lo largo de los 26 años que abarcan estas anotaciones (1915-1941), yo también me resistía a aceptar que había llegado al final. Me resultaba difícil asumir que no habría una nueva página, que no asistiría ningún día más al despliegue de sus proyectos y artículos ni a sus paseos por los *downs* ni a la crónica de sus relaciones con la gente de Rodmell ni a sus veladas con Tom Eliot o Maynard Keynes ni a sus brillantes y, con frecuencia, viperinos comentarios sobre alguno de sus contemporáneos. Rastreaba las últimas páginas del volumen final tratando de imaginar otro desenlace posible y la acompañaba en ese último viaje a Londres para rescatar, entre los restos de su casa bombardeada, en el 37 de Mecklenburgh Square, los treinta cuadernos de sus *Diarios,* a los que, por fin, ochenta y dos años después de su muerte, los lectores en castellano podían acceder en su versión íntegra.

Fue la pujante editorial madrileña Tres Hermanas, que hacía poco que había iniciado su andadura, la que me propuso la traducción y edición completa, por primera vez al castellano, de los *Diarios* de Virginia Woolf; el proyecto me interesó por su envergadura y por la decisión y valentía editorial que implicaba; la propuesta me entusiasmó y preocupó en parecidas proporciones, pero finalmente la acepté porque lo estimulante de la empresa pudo más que las reticencias que me planteaba.

Estos *Diarios* construyen un fascinante mosaico de escritores, pintores, críticos, reformadores sociales, economistas y políticos, todos decisivos e imprescindibles para entender no solo la literatura y el arte entre la segunda década del siglo XX y la Segunda Guerra Mundial, sino también para comprender mejor las transformaciones sociales y políticas de aquel convulso periodo.

Virginia comienza la escritura de los *Diarios* tres años después de su boda con Leonard Woolf, tras una espantosa crisis nerviosa. Se trasladan al barrio londinense de Richmond, donde viven los primeros años de su matrimonio, pues consideran que es más saludable para Virginia que no esté inmersa en la vida social de la capital. Allí compran su primera prensa manual, una minerva, e inician lo que será Hogarth Press, una editorial que arranca su andadura en 1917, tal vez el proyecto vital e intelectual en común más importante de ambos, compartido además con el poeta John Lehmann a partir de 1931.

La creación de la Hogarth Press supone desde sus inicios no solo la tranquilidad de Virginia, que ya nunca tendrá que preocuparse por encontrar una editorial para publicar su obra, sino también un referente de la edición en inglés a lo largo de todo el siglo XX. Allí se publican la obra de Freud, la primera poesía de T. S. Eliot, los cuentos de Katherine Mansfield, obras de Máximo Gorki y Tolstoi, y, ya en los años ochenta del siglo pasado, los *Diarios* de Virginia Woolf, de los que ahora hablamos. En este contexto, Lehmann no solo es una figura clave de la Hogarth Press por su papel en la edición de la obra de Woolf, sino también por sus aportaciones, entre las que destaca la colección The Hogarth Letters, una serie de ensayos breves, de unas seis o siete mil palabras, en forma epistolar, con los que la vieja generación de 1910 se enfrentaba a los nuevos poetas y escritores de la década de los treinta. La *Carta a un poeta joven,* de Virginia Woolf, fue la octava y última (1932) de esta serie de ensayos que nos deja un testimonio esclarecedor de cómo la autora dialoga con los poetas de la siguiente generación sobre las tenues fronteras entre los géneros literarios, y confronta su propia obra y el lugar que ocupa con la de los jóvenes escritores de los treinta.

La mañana del 16 de septiembre de 1931, Virginia Woolf, tras recibir el comentario elogioso de John Lehmann a su novela *Las olas,* escribe exultante en su *Diario:*

Esta mañana me siento como la abeja en la hiedra: no puedo escribir de pura felicidad. John dice: «Pero si me ha encantado; de verdad que me ha encantado & me ha impresionado profundamente & asombrado lo que ha logrado con un método completamente nuevo... Tengo la impresión de que solo un sutil velo separa una novela como esta de la poesía. De alguna manera logra mantener la velocidad de la prosa & la intensidad de la poesía... Y eso es muy difícil, añade.» [...] Pero siento mi cerebro tan exaltado, tan exultante que de inmediato me siento inspirada para escribir mi *Carta a un poeta joven*.

Al día siguiente, Virginia contestaba a la propuesta de Lehmann para colaborar con una carta a la colección, ya mencionada, The Hogarth Letters:

Tu idea de la carta ¿A un poeta joven? me parece brillante porque mi cabeza bulle de ideas inmaduras, poco meditadas, disparatadas e irritantes sobre la poesía y la prosa. Así que préstame tu nombre... y descargaré en esa carta todo lo que pienso sobre vosotros, los jóvenes, y sobre nosotros, los viejos, sobre la novela —lo condenada que es— y lo muerta que está la poesía. Pero tengo que darle una vuelta al asunto y tú tendrás que responder con otra carta «A una vieja novelista». Tengo que leer a Auden, al que no he leído, y a Spender… Todo este asunto pide cartas a gritos […]. ¿Por qué no reunir a Spender, Auden y Day Lewis?[4]

La *Carta a un poeta joven* retoma y resume las discusiones y charlas sobre arte, política y poesía que aparecen reiteradamente en la correspondencia que ella mantenía con el propio Lehmann, con Stephen Spender y, sobre todo, con su sobrino Julian Bell. Es interesante apuntar brevemente el contexto en el que surge este ensayo, así como la relación de Woolf con el destinatario o los destinatarios de la carta y el lugar que ocupa en sus preocupaciones literarias: el espacio de la novela y de la poesía, la vitalidad y posibilidades de una y otra, sus límites en el tratamiento de los temas y la transición entre ellos. Además de que estas preocupaciones aparecen en varios de sus ensayos, se mencionan reiteradamente en sus *Diarios,* sobre todo en la época en que escribe *Las olas,* y posteriormente, durante la redacción

---

[4]    Carta de VW a John L., 17 de septiembre, 1931. Woolf, *Letters,* 381, n.º 2437.

de lo que, tras muchas alteraciones, terminará convirtiéndose en *Los años* y *Tres guineas*. La carta, breve joya del ensayo epistolar, está dirigida a un grupo de jóvenes poetas y críticos, educados en Oxford y Cambridge, entre los que estaban W. H. Auden, Cecil Day Lewis y los anteriormente citados Spender y Bell, aunque sea Lehmann el destinatario nominal que, como ya hemos dicho, en aquel momento trabajaba en la editorial de los Woolf, bajo la agobiante tutela de Leonard y los cambiantes estados de ánimo de Virginia.

Las reticencias de Leonard ante alguien que podía poner en tela de juicio sus opiniones y la fiscalización constante que ejercía sobre el trabajo de John llevaron a Lehmann a renunciar a su puesto en 1932, justo antes de que entrara en vigor el acuerdo de colaboración que había firmado con ellos. A pesar de las fricciones y desencuentros con Leonard, la relación de los Woolf con Lehmann no se interrumpió tras su marcha a Viena en ese mismo año, pues la Hogarth publicó su libro de poemas *A Garden Revisited* y, dos años más tarde, volvió a editar otra de sus obras, *The Noise of History*. El 3 de agosto de 1935, Virginia registra en su diario una cena de reconciliación con John Lehmann, en la que «él se rio tan alto & con tanta libertad que mi compostura desapareció e incluso hablé en francés con Simon [Bussy]». Tras unos años en Viena como periodista, Lehmann volvió a Londres y en 1938 compró la parte de Virginia en la Hogarth por 3000 libras.

Lehmann tuvo una influencia decisiva en la política editorial de la Hogarth y, a instancia suya, se publicaron títulos decisivos que abrirían la puerta a nuevos autores y corrientes. En 1932, la antología de Michael Roberts *New Signatures* agrupó a los jóvenes poetas de Oxford y Cambridge, unidos todos ellos por el rechazo a la poesía que había sido moderna hasta aquel momento; se oponían no solo a la de los georgianos, sino incluso a la de T. S. Eliot y a la de todos los que seguían las huellas de los surrealistas franceses. Estos poetas querían introducir en su poesía la imaginería de la vida contemporánea y habían renunciado a los clichés sentimentales de sus predecesores. Buscaban «una nueva síntesis intelectual e imaginativa, con una actitud positiva y no pesimista del hecho de tener que vivir en el siglo veinte».[5] El grupo, aunque formado por individuos muy diferentes entre sí, estaba muy politizado y tenía en común su militante adhesión a

---

[5]    Lehman, *Thrown,* 19.

una ideología de izquierdas, que trasladaban a su obra poética. Prácticamente todos sus miembros estuvieron implicados en mayor o menor grado en la Guerra Civil española: Julian Bell perdió la vida en Madrid, en 1937, pocos meses después de alistarse como conductor de ambulancias.

Aunque hijos de Bloomsbury, aquel grupo de poetas que habían leído, admiraban y tenían como referentes a los miembros de la generación anterior, especialmente a T. S. Eliot, E. M. Forster, L. Strachey y Virginia Woolf, reivindicaban una poesía que incorporase lo que consideraban más urgente: el mundo de la industria y de los trabajadores; España y el compromiso social y político. Para ellos, Virginia Woolf era una inspiración y un reto, pero, aunque a ella le encantaba unirse a sus debates y abrirse a su influencia, también le resultaba irritante el modo en que ponían su escritura al servicio de su ideología, su insultante juventud y sus críticas a Bloomsbury. El tema que aborda la *Carta a un poeta joven* sobre las relaciones y límites entre prosa y poesía, la tensión entre la individualidad autorreflexiva del poeta y los hilos que lo unen a un mundo exterior convulso, la necesidad de que la novela adoptara algunos atributos de la poesía y que ofreciera «la relación de la mente con las ideas generales y su soliloquio en soledad», era, en cierto modo, lo que ella había tratado de hacer en *Las olas,* explorando permanentemente la relación entre prosa y poesía.

Ha habido que esperar más de setenta y cinco años para que se publicara en español la traducción de la *Carta a un poeta joven.* En 2004, Jenaro Talens la tradujo para la editorial Visor, en una edición no venal, por lo que resulta inencontrable. Leticia García la tradujo en 2008 con el título de *Carta a un joven poeta,* como parte de la serie Material de Lectura, publicada por la Universidad Nacional de México para uso interno; y la última, titulada también «Carta a un joven poeta», única editada con carácter comercial, en 2012, y traducida por Teresa Arijón para la editorial argentina La Bestia Equilátera, en *La muerte de la polilla y otros ensayos.* Ninguna de las ediciones citadas va acompañada de un paratexto en el que se señalen las circunstancias en que fue escrita, a quién era el o los destinatarios, ni la procedencia o autoría de los poemas que aparecen en ella.

En España, la editorial Capitán Swing, en su edición de *La muerte de la polilla y otros ensayos,* de 2010, ni siquiera incluyó la *Carta,* por lo que parece que la edición de 2022 era absolutamente necesaria; en ella, además, José J. de Olañeta añade un texto fundamental al panorama de la edición en castellano de la obra ensayística de Virginia Woolf.

La *Carta a un poeta joven* no solo es un testimonio de la visión que Woolf tenía de los poetas jóvenes de la década de los treinta, sino que expone también algunas de sus preocupaciones estéticas fundamentales sobre los límites entre los distintos géneros literarios y las dificultades que el poeta encuentra para integrar armónicamente su yo interior con el tumulto exterior del mundo que le rodea.

En 1924, ante la insistencia de Virginia, que ya no soporta vivir en las afueras, se trasladan a Londres y se instalan en Tavistock Square (Bloomsbury), donde continúan con su editorial, y donde transcurrirá el resto de su vida, con escapadas regulares, primero, a Asheham House y, después, a Monks House, su casa de campo en Rodmell, Sussex.

En 1915 había comenzado la redacción de los *Diarios,* una obra que ella pretendía que fuera un registro meramente de hechos y acontecimientos, no de sentimientos; así, cuando tuviera 60 años, podría sentarse a escribir sus memorias, y si ella no lo hiciera, quizás Leonard podría sacar un volumen de todo ello, tal como finalmente sucedió cuando, en 1953, doce años después de la muerte de Virginia, su marido edite unos extractos de los *Diarios, A Writer's Diary,* relativos a su actividad literaria. La obra es muy fragmentaria, parcial y elimina sistemáticamente las críticas y comentarios de Virginia Woolf sobre sus contemporáneos, lo que resulta comprensible si pensamos que en 1953 aún seguían vivos gran parte de ellos.

Es decir, durante un primer momento, los *Diarios* nacen con la intención de registrar hechos de su vida cotidiana, como una mera crónica de acontecimientos, que posteriormente le puedan servir de guía y recordatorio; pero a medida que avanza su proceso de escritura, este criterio se va modificando porque la línea divisoria entre hechos y todo lo demás se diluye. ¿Acaso no son también «hechos» las emociones, los pensamientos, las dudas o las reacciones ante la crítica? A medida que ese límite se borra, la vida entera en su visibilidad, y también en su invisibilidad, se convierte en material que registrar en los *Diarios;* de este modo, además de su cotidianeidad social, literaria, familiar y amorosa, Virginia también registra sus procesos de creación, las tentativas iniciales de una novela, sus planes de escritura con los precisos horarios y plazos que ella misma se fija, los miedos ante la obra acabada, el tedio de la corrección, sus preguntas sobre el logro alcanzado, la impaciencia por recibir la opinión de otros escritores, como Katherine Mansfield, E. M. Forster o Lytton Strachey, tres de los juicios que ella más valora. «No hay nadie como K. M. o Forster, con quienes merezca la pena discutir del oficio», anotará.

Y, por si eso no fuera suficiente, los *Diarios* despliegan una galería de retratos de sus contemporáneos, famosos o desconocidos, que resultan incisivos, mordaces, irónicos, fruto de una minuciosa y perspicaz observación. Son magistrales sus comentarios sobre autores tan conocidos como John Maynard Keynes: «Es escurridizo como una gota de mercurio en una tabla inclinada, un poco inhumano, pero muy bondadoso, como suele serlo la gente inhumana»; o sus observaciones sobre Thomas Hardy, H. G. Wells, Ethel Smith o T. S. Eliot, pero también sobre su sirvienta Nelly o los de una mujer que celebra el fin de la guerra. De hecho, hay críticos, como la doctora Francis Spalding, sostiene que, a largo plazo, serán los *Diarios* y su *Correspondencia* las obras ineludibles de Virginia Woolf. Por tanto, los *Diarios* no nacen como un asunto totalmente privado y sin voluntad de ser publicados, sino que hay en ellos, desde el principio, una clara voluntad de estilo y una perspectiva de publicación, íntegra o fraccionada, por ella o por otros.

Cuando en 1940 los alemanes bombardean Londres y destruyen la casa de los Woolf, una de las pocas cosas que Virginia rescata son estos *Diarios,* que desde 1979 se conservan en la Biblioteca Pública de Nueva York. Estos cuadernos son los editados en inglés por su sobrina política Anne Olivier Bell, casada con Quentin Bell, hijo de su hermana Vanessa, que hemos seguido escrupulosamente en la publicación de Tres Hermanas.

Entre 1977 y 1984, Anne Olivier Bell editó en Hogarth Press los *Diarios* de Virginia Woolf en cinco volúmenes con un lujoso aparato de notas que corresponden a los treinta cuadernos depositados en la biblioteca de Nueva York, y que se han convertido en un documento imprescindible, no solo de la obra de Woolf, sino del Modernismo anglosajón. Casi en la misma época, se publicaron también lo seis volúmenes de su *Correspondencia,* lo que da a Anne Olivier Bell la oportunidad de cruzar la información de los *Diarios* con la que proporcionan las cartas.

Unos años más tarde, en 1990, la propia Anne Olivier Bell preparó una edición abreviada de los cinco volúmenes del diario anotado, con la intención de hacerlos más asequibles a un público menos especializado, y publica *A Moment's Liberty. The Shorter Diary,* que reduce a un 20 % el material completo y lo reparte, esta vez, en tres breves volúmenes. Hay que decir que en esta edición abreviada las crónicas de viajes se han omitido y, en muchos casos, las anotaciones que aparecen en la edición de Leonard (1953) se han eliminado o acortado; además, se han suprimido párrafos y personajes, y se ha resumido drásticamente. No sé hasta qué punto podemos decir que esta era una edición necesaria, aunque fuera más asequible, pues el texto queda mutilado y falto de referencias. Esta versión supone, como ya hemos dicho, una quinta parte aproximadamente de los *Diarios* completos y es la que, entre 1992 y 1994, editó Grijalbo Mondadori, en España, en estupendas traducciones de Justo Navarro, el primer volumen, y de Laura Freixas, el segundo y tercero.

El único intento de abordar la versión completa de los diarios es la traducción del tercer volumen, *Diarios 1925-1930,* traducido por Maribel de Juan para Siruela en 1993. Pero ahí se quedó.

Mención aparte, por lo chusco de la historia, merece la edición del libro *Hogarth House, 1915-1921.*

*Diarios, vol. I,* publicado por Ediciones Libertarias en 1993, que incluye una introducción a cargo de Antonio Merino y una nota editorial en la que podemos leer lo siguiente: «Para dirigir nuestra edición hemos preferido guiarnos por los originales que se encuentran en la Biblioteca Pública de Nueva York, llevando a cabo un prolijo cotejo de las ediciones preparadas por Leonard Woolf y Anne O. Bell». Se trata de una información falsa de principio a fin: ni hay cotejo ni es prolijo. En ningún momento dice a cuál de las dos ediciones de Anne Olivier Bell se refiere, si a la abreviada o a la completa. Sin embargo, las anotaciones son prácticamente iguales a las del *Diario íntimo* de Grijalbo Mondadori. He constatado que aquí también se repiten la elección de los días, las omisiones de acontecimientos, personajes y comentarios sobre literatura y viajes que hizo Anne Olivier Bell, por lo que se puede afirmar que, además de no aportar nada, se trata de un plagio del volumen primero de la edición de Grijalbo Mondadori, publicada un año antes. En suma, que tanto el título *Diarios* como las palabras de Antonio Merino resultan un fraude.

Esta es, en síntesis, la historia de la publicación en español de los *Diarios* y, por tanto, nuestra traducción de la editorial Tres Hermanas fue la primera de la obra íntegra. Su aparición en el panorama editorial español ha sido fundamental por diversos motivos que afectan a áreas de conocimiento distintas, referidas no solo a la literatura y a la imagen convencional de la propia Virginia Woolf, sino a los movimientos artísticos, sociales y políticos de la Inglaterra de entreguerras.

En primer lugar, estos *Diarios* desmontan la idea de una intelectual aristocrática, distante, conocedora de un único escenario, frágil e inestable emocionalmente. En cambio, muestran a una mujer con una gran actividad física e intelectual: recorre kilómetros a pie y en bicicleta; sale a recoger setas; conoce plantas y mariposas; escribe cientos de reseñas y artículos en los periódicos y revistas literarias más prestigiosas del país; publica novelas y ensayos; asiste a la ópera, a conciertos, a las bibliotecas, a innumerables fiestas; discute de literatura con sus amigos; organiza constantes reuniones; va y viene de Londres a Asheham, primero, y, luego, a Rodmell; compra casas, viaja, estudia ruso, griego e italiano; y no solo funda con Leonard la Hogarth Press, sino que aprende el oficio de editora.

En segundo lugar, estos *Diarios* destruyen el cliché de fragilidad transmitido por el cine, el teatro y la fotografía, que repiten el tópico de su desequilibrio, su enfermedad y sus crisis. Es cierto que Woolf padeció graves dolores físicos y delicados procesos mentales a lo largo de toda su vida, pero la suya es una extraordinaria historia de superación y de valor, de autoanálisis y autoconocimiento de sus procesos mentales, de sus episodios de locura, como ella los llama, e incluso de su aprovechamiento literario, como muestran las descripciones de la locura del joven Septimus Warren en *La señora Dalloway*. Nada de eso le impidió ser, como declara en muchos momentos de la escritura de su diario, una persona feliz la mayor parte del tiempo y de una extraordinaria valentía y coraje para terminar con su vida cuando consideró que esta no merecía ya la pena.

En tercer lugar, estos *Diarios* son un documento imprescindible por la luz que arrojan sobre la obra de ficción de Virginia Woolf; sobre la génesis y el proceso de elaboración de sus novelas; sobre la conexión entre sus procesos emocionales y mentales en relación con su escritura; sobre sus reescrituras y correcciones, sus cambios de título; sobre la expectación y reacciones ante la crítica y su valoración frente a su contemporáneos; por tanto, resulta un texto indispensable para conocer no ya el resultado final que nos ofrecen sus novelas, sino todo ese proceso de gestación, de dudas, de idas y venidas de una obra en construcción.

Además del mundo privado de sus amistades y de las relaciones que ella y su marido sostienen en común, es interesante el minucioso registro de personajes y actividades del mundo de la política, la economía y la reforma social, entre el que Leonard se mueve y en el que ella le acompaña: en las reuniones con importantes figuras del laborismo; en su implicación con el movimiento sufragista[6] y la Women's Co-operative Guild; en la participación de Leonard en los comités fundacionales y en la redacción de los estatutos de la Liga de las Naciones, germen de lo que sería Naciones Unidas; en acontecimientos como la huelga general de 1926, y en el papel de la prensa.

Los *Diarios,* además, como un espejo, reflejan, por contraste, la mojigatería, la corrección política y el puritanismo intelectual de nuestra época. Tenemos que dar gracias a que Virginia Woolf nació a finales del XIX

---

[6]   En Inglaterra el derecho al voto de las mujeres se consigue en 1918, pero solo para las mujeres mayores de 30 años y con ciertas propiedades a su nombre.

y no a finales del xx, pues, de haber sido así, creo que hoy no habría publicado casi nada y recibiría acusaciones de todo tipo por no ajustarse a los dictados de los nuevos guardianes de la corrección, la moral y el lenguaje. Afortunadamente, los *Diarios* muestran a una mujer libre, contradictoria, con opiniones contundentes sobre sus contemporáneos, y con sus claroscuros, es decir, un ser humano completo, no un icono o un eslogan fácil de enarbolar y de consumir. Opina que «el patriotismo es una emoción innoble»; uno de los aspectos que más le alegra del fin de la guerra es volver a ser «una nación de individuos». No ama especialmente al prójimo: «Empiezo a odiar al prójimo sobre todo cuando miro sus rostros colorados en el metro. Realmente, prefiero mil veces contemplar un filete crudo de ternera o unos buenos arenques plateados». Le desagrada el aspecto estético de los pobres, de los que, no sin ironía, dice: «Los pobres no tienen suerte: ni modales ni autocontrol con los que protegerse; nosotros tenemos el monopolio de todos los sentimientos generosos (diría que esto no es totalmente cierto), pero que hay cierta verdad en ello. Como dijo Gissing, la pobreza degrada». Despotrica sobre el ambiente masculino:

El ambiente masculino me desconcierta. ¿Desconfían de una? ¿Te desprecian? Y si es así, ¿por qué se quedan en la sala durante todo el rato que dura la visita? [...]; creo que un abrupto precipicio parte en dos la inteligencia masculina & que ellos se enorgullecen de sostener puntos de vista que se parecen mucho a la estupidez. Me resulta mucho más fácil hablar con Katherine; ella da & resiste como yo espero que lo haga; recorremos mucho más terreno en mucho menos tiempo.

En los *Diarios* hay acerados comentarios sobre el rechazo que le produce la sobreactuación entre los homosexuales, los deficientes mentales o las mujeres judías de su familia política. A veces es viperina, sarcástica, tremendamente irónica, contradictoria y capaz de fulminar al otro con la palabra justa. Pero, al mismo tiempo, adora y valora el trabajo y la opinión de sus amigos Strachey o Foster, abiertamente gais; mantiene una corta pero intensa relación con Vita Sackville-West, y acepta la relación amorosa que le ofrece la arrolladora y enérgica anciana Ethel Smyth; se casa con un judío y sostiene múltiples relaciones con ese prójimo al que, en ocasiones, dice odiar.

Cuando una se enfrenta a la traducción de una obra de esta envergadura, las preguntas y los interrogantes que se abren son muchos y de muy diversa índole: qué palabras emplear, qué tono, qué registro, cómo escuchar en tu cabeza el sonido y el color de las palabras de la autora para poder darles vida en la lengua de llegada. Los profanos, incluso gente leída —entre los que hay algún teórico de la traducción y algún lexicógrafo—, que no se han planteado nunca los complejos procesos mentales que tienen lugar en una traducción literaria, deben de pensar que las palabras están en los diccionarios, pero no es ese el lugar que la propia Woolf les asigna. A propósito de esto merece la pena escuchar el que, según parece, es el único documento de voz que se conserva de Virginia Woolf,[7] una emocionante reflexión sobre las palabras inglesas que, por supuesto, sirve igualmente para las palabras de cualquier lengua y sus hablantes, ya sean estos escritores, traductores o simples usuarios. En él sostiene que «las palabras no viven en los diccionarios». Por su-

---

[7]    De la BBC realizada el 29 de abril de 1937, disponible en https://www.bbc.com/news/av/entertainment-arts-28231055

puesto que los diccionarios están ahí para ayudarnos en nuestra tarea; en ellos las palabras reposan, se exhiben, despliegan sus significados, pero no viven, no actúan, no se relacionan. Las palabras viven en los libros, en las historias y los diálogos de otras épocas, que nos llegan vivos en boca de sus personajes; en las cartas, los diarios, las crónicas, las conversaciones, en nuestros respectivos *léxicos familiares,* por usar el título del espléndido libro de Natalia Ginzburg; ahí es donde tenemos que ir a buscarlos, ahí nos tenemos que empapar de esos viejos y nuevos significados para poder rescatar las palabras y restituirlas en la traducción con aires nuevos.

En su ensayo *Carta a un poeta joven,* Virginia Woolf dice:

> El arte de la escritura [...], el arte de tener a tu entera disposición cada una de las palabras de la lengua, de conocer su peso, color, sonido y asociaciones, y lograr de ese modo que sugieran más de lo que afirman, puede, desde luego, aprenderse, hasta cierto punto, mediante la lectura [...], pero de forma mucho más drástica y efectiva si imaginamos que uno no es uno mismo, sino otro. [...] Tomemos un ejem-

plo obvio. ¿Acaso podemos dudar de que la razón de que Shakespeare conociera cada sonido y sílaba de la lengua, y de que pudiera hacer con precisión lo que quisiera con la gramática y la sintaxis, era que Hamlet, Falstaff y Cleopatra lo habían apremiado a dicho conocimiento? Fueron ellos, los personajes, quienes le enseñaron a escribir.

¿Qué otra cosa hace el traductor, actor, intérprete de un discurso literario sino imaginar que, como dice Virginia Woolf, «uno no es uno mismo, sino otro»? O, como señala Mijaíl Bajtin, alguien que puede decir: «Soy yo con las palabras de otro o soy otro con mis propias palabras». Esta idea de quién dicta las palabras precisas, con el tono y el registro adecuados, con los giros y digresiones más apropiados a la situación cuando se escribe o se traduce, de qué voces echamos mano y oído al reescribir un discurso tan íntimo, resulta especialmente estimulante para saber, a la hora de traducir, quiénes son nuestros Falstaff y nuestras Cleopatras.

A la hora de abordar un trabajo de traducción que originalmente se escribió a lo largo de veintiséis años hay dos factores importantes que he tenido muy en cuenta: su temporalidad y, asociada a ella, su fragmentariedad. Una obra de ficción o un ensayo tienen un tiempo de realización de uno, dos o tres años en la mayoría de casos. La evolución del estilo y de los presupuestos estéticos, e incluso ideológicos, dentro de una novela no sufren grandes alteraciones a lo largo de su escritura, pues suele haber una cierta unidad; pero en una obra escrita a lo largo de tantos años, los cambios de estilo, los juicios sobre personas o asuntos diversos, el foco de atención o el modo de abordar los hechos van cambiando imperceptiblemente. Una no puede limitarse a escuchar la voz del texto y encontrar el tono y el ritmo en el que reescribir esa obra, sino que nos vemos obligados a volver a entonar y encontrar el nuevo estilo, el nuevo léxico, las nuevas formas que el tiempo, la madurez y la experiencia van otorgando a esa escritura.

Por otra parte, el traducir unos diarios que necesariamente se inscriben en una cotidianidad lejana en el tiempo y en el espacio hace necesario investigar muchos elementos de aquel día a día que actualmente nos resultan indescifrables no por su complejidad lingüística, sino por las referencias ocultas que hoy no solo son desconocidas para los lectores de la lengua original, sino doblemente desconocidas para los lectores de otra cultura y otro tiempo. Por ejemplo, resulta complicado actualizar el sentido de la anécdota que la señora Strachey le cuenta a Virginia Woolf sobre un pasado glorioso cuyo protagonista es el bisabuelo de la escritora si no se conoce la historia a la que se hace referencia.

Dice la señora Strachey:

> How old Pattle *shot out of his tank,* & thereby killed his wife, who thought him come to life again: how *the sailors drank him dry* on the voyage to England.

> De cómo el viejo Pattle *salió disparado de su barril* & aquello mató a su esposa, que creyó que había resucitado; de cómo *los marineros se lo bebieron todo y lo dejaron seco* en el viaje de vuelta a Inglaterra.[8]

La traducción no tenía sentido sin el conocimiento de la anécdota que remite al curioso final de James Pattle, bisabuelo de Virginia Woolf y funcionario en Bengala. Cuentan que la bebida lo mató y su cuerpo

---

8   Woolf, *Diario I,* 18/1/1918. La cursiva es mía.

fue repatriado a Inglaterra dentro de un tonel de ron, que explotó durante una tormenta. El señor Pattle salió disparado, y la impresión enloqueció a su viuda, quien, pensando que había resucitado, murió a consecuencia del susto en el viaje; los marineros se bebieron el ron.

Hay otros casos en los que la dificultad deriva de las referencias en el texto a elementos inexistentes en la cultura de llegada:

> I had better assuage my fretfulness with pen & ink. I have a pen of vulcanite (?) which perhaps serves the purpose of *a babies coral*.

> Haría bien en calmar mi inquietud con pluma & tinta. Tengo una pluma de malaquita o vulcanita (¿?) que tal vez podría servir como *un mordedor de bebé*.[9]

Afortunadamente me ayudó mucho en la comprensión del texto la posibilidad de ver el sádico artilugio que reproduce la imagen, y que, usado en Inglaterra entre los siglos XVIII y XIX, estaba formado por un trozo de «coral», montado sobre un mango de plata u oro, y era utilizado como un mordedor para los bebés.

---

[9]   *Diario I,* 4/11/1918. La cursiva es mía.

El siguiente caso requería mucha imaginación para poder actualizar el sentido y hacer una traducción ajustada sin conocer algunas peculiaridades de la vida gamberra del Cambridge de las primeras décadas del siglo XX, de las que afortunadamente pudo informarme el profesor Jonathan Boulting, exalumno de esa universidad y gran conocedor de la literatura inglesa.

En este fragmento, el historiador Arnold Toynbee conversa con Virginia y critica que aquellos niñatos insolentes, alumnos de Cambridge en 1914, se hayan convertido en héroes por el hecho de haber muerto en la Primera Guerra Mundial. Dice Woolf:

> But he [Toynbee] described their rows & their insolence & their quick snapping brains, always winning scholarships, & bullying & bringing *bath chairs full of rats into Chapel,* and admitting no one to their set, so that in the end they were almost abolished by the Colonials, who hated them back.

> Pero él describía las peleas & la insolencia & la rapidez para sacarte de quicio de aquellos muchachos que siempre conseguían becas & intimidaban & llevaban a los servicios religiosos de la universidad *sillas de ruedas* llenas de ratas & no dejaban que nadie formara parte de su grupo, de manera que, al final, casi quedaron eliminados por los colonialistas que, a su vez, también los odiaban.[10]

No podía entender qué hacían en la capilla las «sillas de baño» y, sobre todo, cómo se llenaban de ra-

---

[10]    *Diario I,* 18/1/1918. La cursiva es mía.

tas. En realidad, las sillas de baño, con ruedas y capota, son las *Bath chairs,* cuyo nombre se debe a la ciudad termal de Bath, donde James Heath, su inventor, las fabricó por primera vez en el siglo XVIII. El hecho de que en el texto *Bath* aparezca en minúscula no ayudaba tampoco mucho a la resolución del problema.

Si bien aquí las traduje como «sillas de ruedas», la nota explicando el origen del nombre me parece importante para no hurtar al lector un dato cultural interesante. Los «colonialistas» eran hijos de funcionarios repartidos por el Imperio británico, que generalmente tenían un estatus social inferior al del resto de alumnos.

Aunque para la traducción de estos *Diarios* seguí con escrúpulo la rigurosa edición de Anne Olivier Bell, hay decisiones que tomé que fijan el texto en español de un determinado modo y que muestran la visibilidad de la traductora en algunas de las tareas que con frecuencia adopta —editora, prologuista, anotadora— y de las que comentaré una a modo de ejemplo.

El signo tironiano &[11] aparece profusamente en el texto original de los *Diarios*. En español, para evitar el *etcétera*, se interpreta como «et» y constituye un uso alternativo a la conjunción «y». Este signo es conocido en inglés como *ampersand*, que procede de la expresión *and per se and*, es decir, «y por sí mismo y». Como es sabido, este signo, derivado del latín, pasó a diversos idiomas, incluido el español, en el que su uso es super-

---

[11]   Las notas tironianas constituyen un sistema de taquigrafía inventado por Marco Tulio Tirón, exesclavo, secretario y escriba del político, orador y filósofo romano Marco Tulio Cicerón, en el siglo I a. C. El sistema de Tirón estaba formado por unos mil signos, ampliados posteriormente a cinco mil. En la Europa medieval se enseñaban en los monasterios y el sistema se extendió a unos trece mil signos. Su uso entró en declive a partir del siglo XII, pero siguió utilizándose hasta el siglo XVII.

fluo en la escritura habitual, pues la conjunción *y* tiene una grafía más sencilla. Por tanto, la decisión de mantenerlo en esta traducción cumple sobre todo un objetivo estético, así como el de imprimir una cierta velocidad a la relación torrencial de hechos, personajes, actividades y pensamientos narrados. Woolf convierte el signo & en un rasgo relevante de su escritura que, según entiendo, no tiene, como digo, tanto una función taquigráfica como estética. La importancia de las cuestiones plásticas y tipográficas de los modernistas en general, que también seguía Virginia Woolf tanto en su escritura como en sus labores de edición en la Hogarth Press, justifican la adopción de esta decisión. No obstante, y dada la frecuencia de su uso en el original, no lo mantuve en todos los casos. Lo fundamental no es la reproducción exacta del número de veces que aparece en el original, sino que lo haga con la frecuencia necesaria para que el lector reconozca el signo & como un rasgo distintivo de la escritura del *Diario*.

No me cabe duda de que, al fin, la edición de estos *Diarios* —un monumento de la literatura autobiográfica de una de las figuras más sobresalientes del panorama literario del siglo XX y un festín para los estudiosos y amantes del género— ha de servir sin duda para una necesaria reevaluación crítica de la obra de Woolf y ofrecer una nueva perspectiva en la construcción de un personaje mucho más rico y complejo que el cliché que, en demasiadas ocasiones, se nos muestra de ella. Los *Diarios* reflejan un ser humano lleno de matices y colores, fuerte y poderoso, una luchadora incansable contra sus propios demonios, una mujer interesada no solo en la literatura y el arte, sino en la riqueza y complejidad de lo cotidiano, la comida, los viajes, el dinero, la gente, los amigos, y que consideraba que «no hay nada como una fiesta». Es un gozo para mí haber tenido el privilegio de prestarle mi voz y mi sintaxis.

## G. K. CHESTERTON Y GEORGE ORWELL: MIRADA DISIDENTE, MIRADA PROFÉTICA

No podía terminar este recorrido por los textos de algunos de mis maestros sin tratar, aunque sea brevemente, a otra pareja de escritores británicos con los que mantengo una deuda impagable: Gilbert K. Chesterton y George Orwell. He traducido la

*Autobiografía* del primero y la novela *1984* del segundo; ambos textos me sedujeron y me arrastraron por vericuetos que no había previsto y me propusieron nuevas lecturas que despertaron mi interés por temas a los que de otra forma tal vez no habría llegado. Ambas traducciones supusieron un viaje, una aventura intelectual emocionante, una vía de conocimiento en la que eso que llamamos *azar* adquiere un peso importante, pero quizás la enseñanza más importante fue la de tener que cambiar mi punto de vista, resituar la mirada con otra perspectiva y enfrentarme a viejas inercias y prejuicios.

Esto fue lo que me sucedió con Orwell y Chesterton, dos autores leídos en mi adolescencia, rechazados posteriormente, releídos, reivindicados, enseñados y finalmente, traducidos; escritores muy distintos en lo literario y lo ideológico, cuya obra ha reafirmado gran parte de las cosas que considero más importantes en mi vida: la libertad de conciencia, la sospecha sistemática del poder y el amor por la discusión y las palabras.

Tanto Chesterton como Orwell gozaron durante las décadas de 1950 y 1960 de gran éxito en España por motivos cuando menos curiosos. ¿Cómo pudo *1984,*

una de las más demoledoras críticas a los regímenes
autoritarios, atravesar el férreo muro de la censura a
principios de los cincuenta? Seguramente los censores
no pudieron ver reflejado el rostro de la España franquista en el partido único del Gran Hermano y debie-
ron de pensar que el objeto contra el que se dirigía la
novela era únicamente el comunismo estalinista.

Chesterton es también otro caso notable de éxito en
la España de aquellos años. El que uno de los protago-
nistas de sus novelas sea un cura, el padre Brown, y la
conversión al catolicismo de su autor en la madurez
fueron aspectos decisivos para considerarlo «uno de

los nuestros» por parte de la censura franquista. Un caso en el que significantes parecidos tienen sentidos opuestos. La tardía conversión al catolicismo de Chesterton en la Inglaterra anglicana del primer cuarto del siglo XX es un acto de rebeldía, un acto en minoría, que le predispone contra muchos de sus conciudadanos y contra el *establishment* literario de la época, mientras que a nadie se le escapa que ser católico en la España de los cincuenta, lejos de ser una opción individual, era un destino ineludible; es decir, un hecho con un significado diametralmente opuesto al de Chesterton. Digo esto porque, para mí, como traductora, es importante la empatía con el texto, y yo, como otros miembros de mi generación, siento a veces esa resistencia inicial hacia los autores que nos permitieron leer en nuestra adolescencia, así que abordé la *Autobiografía* sin demasiada empatía, casi únicamente por el placer de su insuperable estilo y del reto que suponía su reescritura; pero me fascinó desde la primera página, en la doce me hizo reír, y cuando llegué a la treinta y cuatro y leí: «Toda mi vida me han gustado los márgenes y la línea fronteriza que separa una cosa de otra» o «Lo que está muerto se lo lleva la corriente, solo lo vivo puede ir contracorriente», era ya una incondicional chestertoniana.

Ese hermoso músculo de nadar contra corriente es uno de los rasgos más atractivos de este escritor de poderosa vitalidad, un músculo que nada tiene que ver con la vanidad ni con el gimnasio y que libra a quien lo ejercita de ser engullido por el torbellino avasallador del pensamiento único de cada época.

La *Autobiografía* rescata —en contra de la moda imperante— lo que la época victoriana de su niñez tiene para él de rescatable: el elemento pomposo y ritual de las bromas o un cierto puritanismo en lo que se refiere al gasto y al lujo, o la importancia de los hobbies y gustos propios. Muchas veces el paso de la época victoriana de su infancia a la modernidad se refleja en el cambio semántico que experimentan algunas palabras y que necesariamente hay que plasmar en la traducción, como sucede, por ejemplo, con el término *respetabilidad,* que evoluciona de un significado positivo a otro no tanto; o el término *aventurero,* que recorre el camino inverso, de lo negativo a lo positivo. Esos cambios en el significado de las palabras reflejan el cambio de mentalidad desde la época victoriana hasta los años treinta del siglo XX.

La *Autobiografía* es una crónica del tránsito de Inglaterra del siglo XIX al XX, en el que esta nación asiste al fin de la confianza del ciudadano en la honestidad de las motivaciones de su clase política —el escándalo del caso Marconi—, y debate sobre su participación en la Primera Guerra Mundial o en la guerra de los bóeres en Sudáfrica. El periodista que fue Chesterton registraba minuciosamente las grandes polémicas de su época, su participación y su posición sin ambigüedades en cada una de ellas. Casi siempre contra corriente, casi siempre en la frontera. Un periodista que declaraba no haber escrito nunca un artículo para un periódico en concreto y que aconsejaba a un joven que empezara que escribiera un artículo para el *Sporting* y otro para el *Church Times,* y que después confundiera los sobres. Un consejo que hoy resultaría impensable y revolucionario.

La pasión del polemista por la palabra y el intercambio de ideas recorre la *Autobiografía*. Son estimulantes el espíritu de contradicción de su autor, la independencia de criterio, las poderosas paradojas de sus argumentos, la punzante ironía con el adversario, a quien combate implacablemente, pero en cuya posición se coloca y a quien es capaz de reconocer inteligencia, razones y mérito. Este feroz polemista, capaz de decir: «Nos pasamos la vida discutiendo y no nos peleamos ni una sola vez, porque la pelea interrumpe la discusión», es hoy para todos nosotros, en esta época de ramplonería ideológica y descalificación moral del oponente, un ejemplo ético de civismo y honestidad intelectual, independientemente de lo cerca o lejos que estemos de sus juicios y opiniones. Lo fascinante es la elaboración del pensamiento, la cualidad lúdica de su lenguaje, la capacidad de argumentar y desestabilizar los presupuestos ideológicos de una época que me llevó como traductora a mirar desde otra perspectiva, a mirar nuevamente con otros ojos.

Si la obra de Chesterton retrataba la Inglaterra entre finales del XIX y los primeros años del XX, la novela de Orwell es la crónica de un mundo por venir, un mundo futuro hacia el que el siglo se encaminaba y hacia el que ya había dado pasos decisivos; una época oscura, en la que parecen resonar las palabras de Octavio Paz: «No hay salida que no dé a la deshonra o al patíbulo».[12] La novela, dejando a un lado su valor profético y su rotunda crítica del totalitarismo, me interesó por el papel relevante que el lenguaje tiene en la sociedad de Oceanía, por la escalofriante actualidad

---

[12]    Paz, «Un poeta», en *¿Águila o sol?*

de su planteamiento en lo que se refiere a la manipulación de la lengua en los discursos oficiales y desde los distintos poderes; el uso de una neolengua que lo invade todo, de los telediarios a la academia, el reino absoluto del eufemismo, del abuso de las siglas que disfrazan y alejan el contenido semántico de las palabras en un ejercicio perverso de ocultación y falsificación del lenguaje que ocurre sin resistencia. Baste, como ejemplo, observar cómo la academia ha aceptado para hablar del conocimiento una jerga procedente del mundo de la empresa, las multinacionales y los artífices de la globalización; por decirlo en términos orwellianos, parece que algunas palabras como *saber, conocimiento* o *crítica* hayan sido «vaporizadas» y sustituidas por *competencias, evaluación, objetivos* o *producción.*

La manipulación del lenguaje por parte del poder no es algo nuevo, el abuso de determinada terminología enmarcada en estructuras concretas ha sido habitual en los regímenes totalitarios y también en nuestras democracias occidentales. En *Politics and the English Language,* Orwell ilustra esta manipulación cuando traduce el capítulo 9, versículo 11, de la Biblia King James (1611) al inglés de 1946; es algo similar a lo que yo hago al traducir el mismo versículo del mismo capítulo de la Biblia Reina-Valera (1569), en su última revisión de 1960, a la jerga político-académica del español actual. Dice la Reina-Valera:

> Me volví y vi debajo del sol, que ni es de los ligeros la carrera, ni la guerra de los fuertes, ni aun de los sabios el pan, ni de los prudentes las riquezas, ni de los elocuentes el favor, sino que tiempo y ocasión acontecían a todos.

Y que traducido a la jerga político-académica-empresarial, trufada de algún que otro giro periodístico quedaría así:

> La consideración objetiva de los fenómenos contemporáneos nos lleva a la conclusión de que el éxito o el fracaso en las actividades competitivas no muestra tendencia a guardar relación con las capacidades innatas, sino que una parte considerable de lo impredecible debe tomarse en cuenta.

La novela *1984* me interesó por el gran reto que suponía traducir un texto fundamentalmente heteroglósico que expone una gran variedad de estilos, lenguajes y estructuras distintas: el lenguaje degradado de los «proles», el lenguaje oficial de los miembros del Partido, las cancioncillas populares supervivientes del mundo prerrevolucionario, el lenguaje de la doctrina política, en «The Book», y el discurso metalingüístico del apéndice, en el que, Orwell, partiendo del inglés estándar, ofrece una serie de reglas gramático-ideológicas para la formación de la neolengua, una lengua inventada capaz de alterar la realidad, abolir el pasado e impedir el pensamiento. En realidad, la traducción de ese metalenguaje no es posible en un sentido estrictamente lingüístico, sino que supone la invención de otra lengua que exponga, partiendo ahora del castellano, sus propias reglas, acordes con el pensamiento que lo sustenta.

Por ejemplo, los lingüistas artífices de la neolengua pretenden que las palabras de uso cotidiano se pronuncien en un solo golpe de voz, «un sonido *staccato*», que exprese claramente un único concepto, para que el resultado sea parecido a un graznar de patos. En general, se trata de palabras monosílabas que la lengua ya posee, por ejemplo: *hit, run, dog, tree, sugar, house, field*. Si las traducimos al castellano por sus equivalentes semánticos, el resultado es una contradicción interna con el sentido del texto, puesto que *pegar, correr, perro, árbol, azúcar, casa* y *campo* no son monosílabos, por tanto, habrá que buscar verbos y sustantivos de uso cotidiano en castellano que se pronuncien en un solo golpe de voz como *dar, ir, pez, flor, pan, luz, cal,* etc. Y del mismo modo sucede con el resto de normas a lo largo de todo el «Apéndice de los principios de la neolengua».

Sin embargo, aunque Orwell no era un lingüista, su tratamiento *del* lenguaje refleja la tensión entre dos epistemologías, dos puntos de vista enfrentados sobre la relación entre pensamiento, lenguaje y realidad. Una de estas teorías, la sostenida por los llamados *instrumentalistas,* traza una línea divisoria entre pensamiento y lenguaje, y sostiene que este último es simplemente un instrumento del primero, es decir, el pensamiento da lugar a la palabra y no al revés. El intelecto convierte en palabras el conocimiento adquirido a través de la experiencia y así puede ser transmitido.

El otro punto de vista sobre la relación entre lenguaje y pensamiento sería lo que llamamos *determinismo lingüístico;* el lenguaje es más que el instrumento de un intelecto autónomo capaz de operar sin palabras o símbolos. Necesitamos el lenguaje para pensar; por lo tanto, la palabra precede al pensamiento. Ambas tesis aparecen expuestas en *1984* encarnándose en la actitud que sostienen frente a la lengua Winston Smith, el rebelde, y O'Brian, el inquisidor del Partido que destruye la resistencia de aquel.

La editorial Destino publicó la novela de Orwell en 1952, solo tres años después de que la publicaran en inglés. En la edición de Secker and Warburg de 1951 ocurrió un accidente mínimo pero importante: el cinco de la fórmula «$2 + 2 = 5$», que marca el sometimiento absoluto de Winston Smith a los dictados del poder del Gran Hermano, desapareció de la caja de tipos. Todas las ediciones posteriores, incluso las especiales del año cronológico 1984, preparadas por Secker y Penguin, repitieron el error. Hasta 1997 las ediciones españolas lo repetían. Lo curioso es que la única vez que en España se revisa la obra, tras la primera edición de 1952 (en la que la fórmula aparecía correctamente) fue para suprimir el 5 que debió de ofender a los correctores como un error matemático evidente.

En 1989, Penguin publicó la obra con «Una nota al texto», en la que se enmendaba el error y el de la desaparición, al final de la obra, de la palabra *Fin*. La edición de Destino salió sin el apéndice de los principios de neolengua. En 1970, Salvat seguía publicando esa misma traducción sin el apéndice. De 1952 a 2010 Destino realizó innumerables ediciones de la obra, algunas comentadas, como la de 1997 de Fernando Galván, que muestran una incuria lastimosa en el trato dispensado a una novela emblemática al reproducir sistemáticamente los mismos errores e incluso añadiendo alguno nuevo.

En 1998, Galaxia Gutenberg/Círculo de Lectores me encargó una nueva traducción para conmemorar los 50 años de publicación de la novela; una nueva reescritura que, además, fuera acompañada de una serie de dibujos de Antonio Saura, que tradujeran a un lenguaje plástico la peculiar lectura que el pintor hace de la novela.

La traducción de *1984* me permitió adentrarme en el estudio de los innumerables ejemplos de *semanticidio* y *logocidio* sistemáticos perpetrados por el Tercer Reich que muestra el sustrato real en la sátira lingüística que son «Los principios de neolengua». Me refiero al *Lexikon,* de Meyers, una enciclopedia alemana de referencia durante años, que en 1933 ya contaba con siete ediciones y que culminó la octava (1936-1942) durante la Alemania nazi. Las reseñas en la prensa alabaron esta edición por haber eliminado «la objetividad» y haber realizado «una revisión revolucionaria de las ediciones anteriores, armonizando la lexicografía alemana con las necesidades de la vida de hoy»; es decir, en sintonía con la imagen de la realidad del Partido. Entre las palabras que los nazis alteraron, la mayoría pertenecía al léxico liberal, humanista y del socialismo de izquierdas. Los ejemplos son innumerables; veamos tan solo lo que sucede con las palabras *democracia política*.

El significado de «gobierno de, por y para el pueblo...» es una definición que, para cualquiera de nosotros, implica elecciones libres y frecuentes, o sea, gobierno de la mayoría, derecho a partidos de oposición y algunos límites legales y constitucionales al ejercicio del poder. Hitler, en *Mein Kampf,* acuñó la frase «democracia germánica», que, según él mismo dice al lector, significa «elección del líder, pero autoridad absoluta de este»; por tanto, las decisiones no se tomarían de acuerdo al voto de la mayoría, sino únicamente por el líder, que respondería con su vida y con todo lo que tuviera. Tras este *semanticidio,* no puede extrañar el que el secretario de prensa, Otto Dietrich, anunciara, con total aplomo y sin rastro de ironía, que «la democracia había aparecido por primera vez en la historia en la persona de Adolf Hitler». Esta investigación de la realidad ideológico-lingüística de la literatura política en la que se apoya la sátira de Orwell me resultó imprescindible para la reescritura adecuada del apéndice de «Neolengua».

Hace un par de años la editorial Alma me propuso una nueva edición de la novela, esta vez ilustrada también magistralmente por el poeta e ilustrador Riki Blanco, lo que me dio la oportunidad de revisar la obra, una novela que debería ser de obligada lectura y reflexión para cualquier ciudadano antes de abandonar el instituto.

## «EL TIEMPO ES EL UNIKO AKONTESER»

### LO KE FUE

akeyos polvos
trujeron estos lodos
i estas nuves
trujeron
estas luvias
i estas luvias

trujeron estos friyos
i estos friyos
trujeron estos yelos
i estos yelos trujeron
hazinura
i akeyos polvos
son lo ke fueron
ke son estos biervos
ke mas no seran

Glosario: *biervos:* palabras / *hazinura:* enfermedad

A principios del verano de 2024, mientras escribía este ensayo y preparaba un viaje al norte de Grecia, cayeron en mis manos tres libros inspiradores que me llegaron por distintos azares, tres miradas coincidentes desde diferentes perspectivas sobre el paso del tiempo, los exilios, los pueblos que aparecen y desaparecen en un mismo territorio y, como un hilo conductor, las lenguas de todos ellos en su incesante ir y venir y transformarse y traducirse y prestarse y casi desaparecer y volver a resurgir. En su espléndido *En tierra de Dioniso,* María Belmonte vagabundea por el norte de Grecia, una tierra de frontera habitada a lo largo de los siglos por distintos pueblos balcánicos, griegos, romanos, turcos y judíos sefarditas que, tras la expulsión de la península ibérica, se establecieron en Tesalónica llevando consigo las llaves de sus casas y su lengua, el ladino, el judeoespañol o djudezmo, que desde el siglo XVI se había convertido en una de las lenguas más habladas en las plazas y mercados de la ciudad, una lengua antigua, viva y mestiza, con préstamos de acentos y palabras de las lenguas con las que convivió hasta 1943, cuando los nazis prácticamente aniquilaron en Auschwitz a gran parte de sus hablantes.

Y es también en los Balcanes donde, en su *León de Lidia,* Myriam Moscona, escritora mexicana, novelista y esencialmente poeta, retoma el escenario y viaja a Bulgaria en un recorrido por la memoria y la historia de sus antepasados, inextricablemente ligadas al judeoespañol, una lengua que Myriam revive, reaviva, y en la que escribe bellos poemas; una lengua que, como un cordón umbilical, establece un vínculo con su pasado, que ella hace presente y con la que salpica también sus espléndidas narraciones en prosa, un talismán contra el olvido de «lo ke fue», esa lengua de un largo exilio que se cuela en su obra.

Después de la presentación en La Central de Barcelona de su *León de Lidia,* dimos una vuelta por la librería.

Myriam me señaló una obra y una autora desconocidas para mí, y me sugirió que leyera *Vivir con nuestros muertos,* de Delphine Horvilleur, una rabina laica, una «narradora», que «escoge las palabras y los gestos que pronunciaremos en el momento en que la muerte se manifiesta». «Saber contar lo que se ha dicho mil veces, pero ofreciendo claves inéditas para que la persona que oye la historia por primera vez aprehenda la suya»; una traductora, añado yo, que «acompaña a mujeres y hombres que en un momento crucial de sus vidas necesitan narraciones, historias ancestrales […] que tienden puentes entre épocas y generaciones entre las personas que han sido y las que serán».

Cuando pienso en el regalo de las palabras, de las lenguas, de la lectura y la escritura entre las que ha discurrido mi vida en este intento por comprender, por reescribir, por allanar caminos y eliminar barreras, por enseñar a los siempre nuevos estudiantes mis descubrimientos en las viejas obras y compartir mis hallazgos con los nuevos traductores, me escucho repetir esas palabras con las que la traductora Patricia Antón suele terminar sus entusiastas monólogos sobre alguna traducción que le ha resultado especialmente gratificante: *Lucky me!*

# ÍNDICE DE ILUSTRACIONES

# BIBLIOGRAFÍA

Ancira, Selma. *El tiempo de la mariposa*. Gris Tormenta, 2024.

Auden, W. H. *El arte de leer. Ensayos literarios*. Edición de Andreu Jaume, traducción de Juan Antonio Montiel. Penguin Random House, 2013.

Auden, W. H. «Marianne Moore». En *Pangolines, unicornios y otros poemas,* de Marianne Moore, edición y trad. de Olivia de Miguel. El Acantilado, 2005.

Belmonte, María. *En tierra de Dioniso. Vagabundeos por el norte de Grecia*. El Acantilado, 2021.

Gansel, Mireille. *Traducir como trashumar*. Traducción de Ariel Dilon. Galaxia Gutenberg, 2023.

Gilbert, Sandra, y Susan Gubar. *No Man's Land: The Place of the Woman Writer in the Twentieth Century*. Vol. 3. Yale University Press, 1994.

Gut, Taja. *Svetlana Geier, una vida entre lenguas*. Traducción de Alberto Gordo. Tres Hermanas, 1921.

Horvilleur, Delphine. *Vivir con nuestros muertos*. Traducción de Regina López Muñoz. Libros del Asteroide, 2022.

Jendryko, Vadim. *La mujer con los cinco elefantes*. 3 Sat, 2009. Largometraje, 93 min. (Documental sobre Svetlana Geier, traductora al alemán de los cinco volúmenes de la obra de Dostoievski)

Lee, Hermione. *Virginia Woolf*. Chatto & Windus, 1996.

Lehmann, John. *Collected Poems*. Eyre & Spottiswoode, 1963.

Lehmann, John. *Thrown to the Woolfs.* Holt, Rinehart and Winston, 1978.

Manguel, Alberto. *El sueño del Rey Rojo. Lecturas y relecturas sobre las palabras y el mundo.* Traducción de Juan Tovar Elías. Alianza Editorial, 2012.

Moore, Marianne. *Poesía completa.* Edición y traducción de Olivia de Miguel. Lumen, 2010. (Nueva edición en 2023)

Moore, Marianne. *Pangolines, unicornios y otros poemas.* Edición y traducción de Olivia de Miguel. El Acantilado, 2006.

Moscona, Myriam. *Ansina.* Vaso Roto, 2016.

Moscona, Myriam. *León de Lidia.* Acantilado, 2024.

Paz, Octavio. *¿Águila o sol?* Fondo de Cultura Económica, 1951.

Paz, Octavio. *El signo y el garabato.* Seix Barral, 1991.

Pérez de Villar, Amelia. *Los enemigos del traductor. Elogio y vituperio del oficio.* Fórcola, 2019.

Saint Vincent Millay, Edna. *Antología poética.* Edición y traducción de Ana Mata. Lumen, 2020.

Steiner, George. *Después de Babel. Aspectos del lenguaje y la traducción.* Traducción de Adolfo Castañón. Fondo de Cultura Económica, 1975.

Steiner, George. «Entretien avec George Steiner "Il faut avoir le courage des grandes erreurs"». Por F. L. Yvonnet. *Le Magazine Littéraire* 454 (2006): 28-33.

Steiner, George. *Presencias reales.* Traducción de Gabriel López-Guix. Destino, 1991.

Stevens, Wallace. *The Palm at the end of the Mind: Selected Poems and a Play*. Edición de Holly Stevens. Vintage Books, 1990.

Thurman, Judith. *Secretos de la carne, una vida de Colette*. Traducción de Olivia de Miguel. Siruela, 2000.

Todó, Lluís M.ª. *Un diálogo imaginario*. Athenaica, 2023.

Woolf, Virginia. *Carta a un poeta joven*. Traducción y prólogo de Olivia de Miguel. Olañeta, 2022.

Woolf, Virginia. *El diario de Virginia Woolf. Vol. 1 (1915-1919)*. Traducción y edición de Olivia de Miguel. Tres Hermanas, 2017.

Woolf, Virginia. *El diario de Virginia Woolf. Vol. 2 (1920-1924)*. Traducción y edición de Olivia de Miguel. Tres Hermanas, 2018.

Woolf, Virginia. *El diario de Virginia Woolf. Vol. 3 (1925-1930)*. Traducción y edición de Olivia de Miguel. Tres Hermanas, 2020.

Woolf, Virginia. *El diario de Virginia Woolf. Vol. 4 (1931-1935)*. Traducción y edición de Olivia de Miguel. Tres Hermanas, 2021.

Woolf, Virginia. *El diario de Virginia Woolf. Vol. 5 (1936-1941)*. Traducción y edición de Olivia de Miguel. Tres Hermanas, 2022.

Woolf, Virginia. *Ensayos sobre arte*. Traducción de Olivia de Miguel. Lamicro, 2022.

Woolf, Virginia. *The Letters of Virginia Woolf. Vol. 4, 1929-1931*. Edición de Nigel Nicolson y Joanne Trautmann. Harcourt Brace Jovanovich, 1978.

### Día del Libro

*Y no está de más repetirse, lo más seguido que puedan:*
*«Sin mí, la industria literaria no existiría: los editores,*
*los agentes, los sub-subagentes, los que llevan la*
*contabilidad, los abogados especialistas en*
*difamación, los departamentos literarios,*
*los profesores, las tesis, los libros de*
*crítica, los críticos, las páginas de*
*los libros… Todo este enorme y*
*proliferante edificio se debe a*
*esta persona pequeña que es*
*tratada de forma*
*condescendiente,*
*menospreciada*
*y mal pagada».*

Doris Lessing